文芸ピープル

「好き」を仕事にする人々

辛島デイヴィッド

講談社

LABOR OF LITERARY LOVE

はじめに

何だかんだもう20年ほど日本文学の翻訳に関わる仕事をしていますが、僕の知る優れた翻訳家たちには、ふたつの共通点があるように思います。ひとつは、一人でいることを全く苦に感じない――人によっては一人で作業している時間が最も幸福である――こと。もうひとつは、少なくとも仕事の領域においては、（もちろん良い意味で）かなりの自信家であること。

一方、僕は少なくとも一日3回は自らの才能のなさに幻滅しますし、一人で時間を過ごすのもあまり得意ではありません。正直、翻訳家（というか執筆業全般）にあまり向いていないようです。

でも、落ち着きのなさや才能のなさも時には役に立ちます。この短所を逆手に取り、ここ10年ほどは他の翻訳家仲間などと一緒にできる仕事を少しずつ増やしてきました。日本文学（の英訳の）アンソロジーやシリーズを編んだり、翻訳ワークショップを催したり、海外から作家や編集者を招く文芸フェスティバルを企画してみたり。

そのなかで、作家はもちろん、翻訳家、編集者、装丁家、書店員、文芸フェスの運営者など、さまざまなかたちで「文芸」や「本づくり」に関わる「文芸ピープル」たちと仕事をご一緒する機会に恵まれました。

本書は、大学のサバティカル（特別研究期間）中に、日本文学の英訳に携わる「文芸ピープル」を訪ね歩き（帰国して、コロナ禍となった2020年以降はオンラインで机に座ったまま訊ねまわり）、2020年に5回にわたり「群像」に掲載した文章をまとめたものです。

日本文学の新世代の翻訳家たちに話を聞いた「英語圏で読まれる現代日本文学」（「群像」6月号、以下、初出時のタイトルを記す）を1章に、英語圏で日本文学の翻訳書を出版した編集者の仕事を追った「新しい「日本文学」を編む海外編集者たち」（同12月号）を二つに分けて2・3章とし、最後に、（2021年1月現在の）英語圏における日本文学の最新動向を紹介する書き下ろしの終章（「変化の年」）を付け足すかたちをとりました。インタビューを中心に編まれたこの4つの章の間に、2019年10月にイギリスやアイルランドを訪れた際の滞在記「ブリテン諸島出版見聞録」（同2月号〜4月号）を挟みこんでいます。

これらの文章は、月刊の文芸誌の読者に比較的タイムリーに情報を届けることを意識して書かれたものです。滞在記については、内容を本書のテーマに寄せるために、主に滞在中の日常的な場面を削りましたが、基本的には初出時からアップデートせず、多少の重複もあえて残してあります。なお、本書中の写真は、書影以外は、取材中に撮影したものと、本書に登場する編集者たちに提供してもらったものです。

将来「世界における日本［語］文学」の軌跡を振り返るとき、2020年はひとつのターニング・ポイントとして位置づけられるのではないでしょうか。そんな年を切りとる「記録」のひとつとして、本書をお届けできることを嬉しく思います。しばしお付き合いいただけると幸いです。

文芸ピープル　目次

文芸ピープル

1章　英語圏の新世代の翻訳家たちに聞く

（2020年6月号）

注目を集める日本の女性作家たち

ここ数年、日本の女性作家が英語圏で注目を集めている。

2018年には、村田沙耶香『コンビニ人間』の英訳（*Convenience Store Woman*、ジニー・タプリー・竹森訳）がニューヨーカー誌など十数誌で「ブック・オブ・ザ・イヤー」に選ばれ、多和田葉子『献灯使』の英訳（*The Emissary*、マーガレット・満谷（ミツタニ）訳）が全米図書賞を翻訳文学部門で受賞した。

2019年には、英米で『センセイの鞄』（*The Briefcase/Strange Weather in Tokyo*、ア

リソン・マーキン・パウエル訳）がロングセラー化している川上弘美の作品が新たに2冊刊行され、小川洋子『密やかな結晶』の英訳（*The Memory Police*、スティーブン・スナイダー訳）が全米図書賞翻訳文学部門の最終候補になり、つい先日ブッカー国際賞の最終候補にも選ばれた。

２０２０年もこの勢いは止まりそうにない。日本の女性作家による小説の英訳が毎月のように刊行される予定だ。

２月にはイギリスで松田青子『おばちゃんたちのいるところ』（*Where the Wild Ladies Are*、ポリー・バートン訳）が独立系の出版社ティィルティッド・アクシス・プレスから刊行され、ガーディアン紙で「驚くべき（phenomenal）」作品だと評された。川上未映子『夏物語』の英訳（*Breasts and Eggs*、サム・ベット／デビッド・ボイド共訳）は４月から５月にかけて英米などで刊行される予定だが、２０１７年に村上春樹が、のちに『夏物語』へとアップデートされる『乳と卵』を「breathtaking（息を呑むほどに見事）」と絶賛した記事が文芸サイト「リテラリー・ハブ」に掲載されたのをきっかけに刊行前から期待感が高まり、２０１９年12月にはヴォーグ誌の「２０２０年に読みたい41冊」の一冊に、

2020年3月下旬にはニューヨーク・タイムズ紙の「4月に読みたい7冊」に選ばれた。

夏以降は、8月に川上弘美『このあたりの人たち』（*People from My Neighbourhood*、テッド・グーセン訳）、10月に村田沙耶香『地球星人』（*Earthlings*、ジニー・タプリー・竹森訳）、11月には津村記久子『この世にたやすい仕事はない』（*There's No Such Thing as an Easy Job*、ポリー・バートン訳）や小山田浩子『穴』（*The Hole*、デビッド・ボイド訳）の刊行が予定されている。また、2021年には中島京子の短編集、今村夏子の『むらさきのスカートの女』、川上弘美『大きな鳥にさらわれないよう』などの英訳も出ることが決まっている。

このような日本の女性作家の英語圏での躍進について、その立役者である（コロナ禍で基本的には日本、アメリカ、イギリスでそれぞれ自宅待機中の）翻訳家たち7人に、メールで話を聞いてみた。7人のプロフィールを短く紹介しておこう。

—雅早（アサ）・米田：日本出身、イギリス在住。訳書に本谷有希子 *The Lonesome Bodybuilder* —

(『嵐のピクニック』と『異類婚姻譚』所収の作品からなる短編集)など。図書館で勤務しながら、文芸イベントで通訳などもつとめる。

アリソン・マーキン・パウエル：アメリカ出身。訳書に川上弘美 *Strange Weather in Tokyo*(『センセイの鞄』)など。日本文学の英訳のデータベース(Japanese Literature in English)の管理人でもある。

ジニー・竹森：イギリス出身、日本在住。訳書に村田沙耶香 *Convenience Store Woman*(『コンビニ人間』)など。出版社で編集者として働いた経験も。

デビッド・ボイド：アメリカ出身。訳書に小山田浩子 *The Hole*(『穴』)など。ノースカロライナ大学シャーロット校で翻訳を教えている。

ポリー・バートン：イギリス出身。訳書に松田青子 *Where the Wild Ladies Are*(『おばちゃんたちのいるところ』)など。翻訳家になるまでの道のりを描いたエッセー集 *Fifty Sounds* が2021年4月刊行予定。

ルイーズ・ヒール・河合：イギリス出身、日本在住。訳書に川上未映子 *Ms Ice Sandwich*(「ミス・アイスサンドイッチ」、『あこがれ』所収」)など。早稲田大学で教鞭をとる。

ルーシー・ノース：イギリス出身。訳書に河野多恵子 *Toddler Hunting and Other Stories*（「幼児狩り」を含む短編集）など。日本の女性作家の小説の英訳に関するシンポジウム Strong Women, Soft Power をアリソンとジニーとともに主催した。

ここ数年の変化

川上未映子や小山田浩子の作品を訳しているデビッド・ボイドは、日本の女性作家による作品の英語圏における需要の「変化は明白だ」と言う。数年前まではアメリカの編集者の日本の女性作家に対する関心はそこまで高くなかった。それがここ数年の間に「何人かの編集者に（男性よりも）女性の作品を出したいとはっきりと言われる」経験をした。

川上弘美や西加奈子の作品を訳しているアリソン・マーキン・パウエルも変化が見えてきたのはここ数年だと指摘する。オープン・レター（ロチェスター大学が運営する翻訳文学を専門とした出版社）が管理していたデータベースを用いて、2012年から2017年にかけての日本人作家の英訳の年間出版点数を調べてみたところ、男性による作品の方が圧倒的に多かったと言う。「平均で（女性による作品が）26％。10対1の年もあった」。

村田沙耶香や中島京子などの作品を訳しているジニー・竹森も、英訳されている女性作家の作品は増えている実感があると言う。同時に「今でも数字だけ見ると男性作家の方が多い」と指摘する。前述のデータベース（最近業界紙のパブリシャーズ・ウイークリー誌のサイト内に移転した）を調べると、２０１９年に日本語から英訳された作品は、「男性作家の作品が24点、女性作家の作品が17点」。ただし、これはアメリカだけの数字で、男性作家による作品の多くは漫画やライトノベルであるとも補足する。いわゆる「リテラリー・フィクション」（日本での「純文学」に近いジャンル）については、女性作家の作品の方が多い。

文学シーンの変容

女性作家による文学作品の刊行点数や販売部数が伸びている傾向は「日本文学に限らない」とデビッドは言う。「女性［作家］による翻訳文学への関心が全体的に高まりを見せている」。

なぜこのような変化が起きているのだろうか。ジニーは「女性翻訳文学月間」(Women in Translation Month)や翻訳作品を紹介する一連の記事など、翻訳家による活動が背景にあると言う。同時に、川上弘美や今村夏子などの作品を訳しているルーシー・ノースは、英米の出版関係者も「世界中の女性作家の作品を出そうと意識的に努力している」と指摘する。そこに素晴らしい作品を出している日本の女性作家がいて、幸い日本の出版業界もその期待にタイムリーに応えるような形で動き始めているのだと。

吉本ばなな、川上弘美、本谷有希子などの作品を英訳している米田雅早(アサ)は、ソフト・スカル・プレス(アメリカ)のユカ・イガラシやティルティッド・アクシス・プレス(イギリス)のデボラ・スミスを始めとした、日本やアジア発の文学への関心と理解が深い、新しい世代の編集者の存在、そして母語から翻訳する訳者の活躍も、より幅広い作品作りを可能にしていると言う。

翻訳文学に限らず、女性による文学作品が英語圏で広く読まれているのも明らかだ。つい最近発表されたNPDブックスキャン(書籍の販売部数を推定するサービス)の発表によると、アメリカでは女性による作品が2019年のリテラリー・フィクション上位100位の売り上げの7割近くを占めた。[*2]

この流れの変化は少なくとも10年前から始まっていたと振り返る評者もいる。作家のヒラリー・ケリーは、2010年代はアメリカの文芸シーンにおいて女性作家が「白人男性作家」に取って代わった10年だったと評する。「男性を支配し、女性を除外してきたザ・グレート・アメリカン・ノベルを目指すべきだというばかげた考え」が時代遅れになり、多様な声が求められているのだと。[*3]

「英米の出版業界で主流の女性作家がより中心的な立ち位置を得られたことにより、翻訳で読まれる女性作家も突破口を開くことができた」と雅早は言う。そして、これは素晴らしいことであるが、同時に「翻訳されたばかりの文学は、常に最先端にあり、そこで読者は何か新しいものに触れる喜びを体験することができる」と。

ベストセラーの影響

刊行点数が増えているだけでなく、その中からベストセラーが出ていることも、出版業界における意識の変化に寄与しているようだ。

柴崎友香、松田青子、津村記久子などの作品を訳しているポリー・バートンは、*Convenience Store Woman*（『コンビニ人間』）の商業的成功が日本の女性作家の作品がベストセラーになる可能性を英語圏の出版社に示したと指摘する。

例えば、担当編集者が売り上げや名誉に関心がなく、ただ挑戦的な良書を出したいと考えていたとしても、社内でビジネス的な視点を重視しなくてはならない立場にある同僚や上司を説得する必要がある。過去の成功例はそのための有効な材料となる。最近訳し終えた『この世にたやすい仕事はない』も、比較的短いサンプル翻訳（作品の一部を参考として翻訳したもの）を元に出版権が売れたが、『コンビニ人間』や『センセイの鞄』のベストセラー化がなければ、サンプルのみで出版社が出版権の取得に踏み切ったかは分からないと言う。

　ちなみに、『ハリー・ポッター』シリーズの版元としても知られるブルームズベリー社は、『この世にたやすい仕事はない』を『コンビニ人間』と（リサ・オーエンズの人気小説）*Not Working* のハイブリッドのような作品だと自社カタログで紹介している。*4

エキゾチックな花ではない主人公たち

　英語圏で新たに読まれ始めている女性作家たちが描く女性たちは、今まで日本文学の英訳で比較的多く見られた「エキゾチックな花」ではないとジニーは強調する。女性作家たちは「働いている女性も含め、様々な視点から女性を描いている」。

　もちろんジニーが訳している村田沙耶香もその一人。その「凄まじい想像力」は英語圏でも突出していると言う。そして、日本の女性や日本的なテーマについて書いていながらも、その作品には世界の読者に訴える普遍性もあると。魅力のひとつは、現実を直視しながらもすぐに人を判断しない（non-judgmental な）姿勢。そしてさりげないユーモアだ。

本谷有希子や吉本ばななも、寛大でフェアな目線で、人間的な登場人物を描いていると雅早は言う。「本谷は、不条理を用いて、時には挑発的に、時には遊び心全開で。吉本は着実に、感情に訴える形で」。そして、「どちらも男性の作品によく見られる一元的な女性像に対抗する有効な方法」だ。

新たなタイプの女性の主人公たちが受け入れられている背景には、小説以外のメディアの影響もあるかもしれないとルーシーは言う。「ゲームやアニメに出てくる強い女性の主人公に触れてきた海外の読者は、日本の女性作家が描く多様な女性たちを受け入れるための土台を持ち合わせているという声もある」と。

quirkyな主人公

「エキゾチックな花」のような女性像が過去のものになりつつある今も、また新たなステレオタイプが生まれる危険はあると訳者たちは言う。

例えば、アリソンは「翻訳されている日本文学は、英語圏の読者がquirky（奇妙な／奇抜な／風変わりな）だと感じる作品に偏る傾向がある」と指摘する。英語圏の出版社や読者が日本文学に「奇異さ」を求めているようだと。

デビッドも「quirkiness」への関心が高いのは『コンビニ人間』の英訳の表紙で取り上げられている評者の賛辞を見ても明らかだと言う。確かに、ハードカバー版を見ると、「quirky」、「odd」（奇異）、「weird」（奇妙）などの言葉が目立つ。ジニーも取材などでこの点についてよく聞かれたと言う。でも個人的には「『コンビニ人間』の主人公はquirkyだとは思わない。社会にはとても奇妙な側面があることに気づかせてくれるけれど、彼女は社会に居場所を見つけようと一生懸命生きているとてもリアルな人物だ」と。

ルーシーは、政治的な女性作家も、社会の在り方について、特定の人物や組織を指弾するのではなく、社会全体の問題として捉える傾向があると言う。そして、共同責任であるからには、全ての人に違和感を覚えさせる――「普通」だと感じていることを疑問視させる――必要があり、これが英語圏の読者にはquirkyに感じられるのかもしれないと。女性作家の躍進については、村上春樹の「現状維持のquirkiness」が女性作家による「現状を根本から揺るがすcreepiness（不気味さ）」に取って代わられたのかもしれないと言う。

「新しい世代の女性作家は、より巧みに表面下にあるものを暴くことに成功している」。

ポリーも村上春樹作品の主人公と女性作家の描く主人公にはいくつか共通点が窺えると言う。「内向的で、孤立していながらも冷静沈着で、どこか quirky でありながら共感できて、すぐに人や物事を判断しない」。そして、この最後の判断を留保する（non-judgmental）／受け身な（passive）姿勢が英訳される日本文学には目立つ。

確かに、最近の日本文学の英訳の主人公や語り手について、quirky の他に passive という表現を用いる評も目立つ。例えば、ニューヨーク・タイムズ紙のパルル・セガールは、小山田浩子の『工場』の英訳（*The Factory*、デビッド・ボイド訳）が2019年10月に刊行された直後に、「これらの三人［の語り手］のヴォイスや姿勢は全く同じ。困惑していて、受け身（passive）で、憂鬱だ」と評している。

訳者たちは、この英語圏の読者が期待する「quirkiness」とは一線を画す作品選びや翻訳の方法を目指していると言う。ポリーは『この世にたやすい仕事はない』の例を挙げ、語り手が――少なくとも頭の中では――激しく感情を表しているのが魅力のひとつだと言う。川上未映子の「ミス・アイスサンドイッチ」の英訳（*Ms Ice Sandwich*）を2017

年に刊行し、現在原田マハの小説の翻訳にも取り組んでいるルイーズ・ヒール・河合も、英語圏の読者にquirkyでない作品にも目を向けてほしいと考えている。「マジックリアリズム的な要素が含まれた作品が好まれる傾向があるけれど、個人的には川上（未映子）や原田（マハ）の現代を生きる女性の現実的な描き方に惹かれる」と。

新世代の女性作家に共通するものとは？

最近英語圏で作品が注目されているこれらの女性作家たちに共通点はあるのだろうか。ルイーズは「一般化するのは無理」だと断言する。一方、ルーシーは「あまりにも大勢の女性作家がいるので一般化することをためらう」としながらも、「政治的＝フェミニストである作家たち」は家族制度の抑圧を暴くだけでなく、「ユーモアやアイロニー（村田沙耶香や今村夏子など）や不可解なホラー（小山田浩子）を用いて、それぞれ社会的慣習に疑問を投じている」という点では共通していると言う。

デビッドも、英語圏で翻訳されている日本の女性作家たちは、それぞれ独特のスタイルの持ち主で、それが評価されているはずだという意見だ。自らが訳している二人の女性作家も全く違うタイプだと感じている。川上未映子の魅力はその生々しい文体。小山田浩子の特徴は日常と非日常をさりげなく紡ぐ力やユーモア。訳す際には脳みその違う部分を使っているかのような感覚を覚える。

ポリーは、自分が訳している作家に共通するのは「ユーモア」と「感受性」だと言う。ユーモアについては、声に出して笑わせられる部分もあるが、どちらかと言うと一種の「世界観に近い」。例えば、柴崎友香は一般的に「ユーモラス」な作家だと思われていないかもしれないが、その緊張感のあるリアリズムには腹をくすぐられる可笑しさがある。単純に笑いを誘うためのユーモアではなく、読者がもっと深いレベルで物語に共感できるようにするユーモアだ。そして、このようなユーモアをうまく訳すためには、語り手の「声」をつかむのが何よりも大切なのだと言う。

雅早もユーモアは重要だと言う。「どんな人も作家もそうであるように、全ての作品にユーモアが備わっている。訳者としては、そのユーモアやアイロニーに耳を澄ませることが何よりも大切。作品に息を吹き込み、消費される quirky な商品ではなく、大きな対話の一部と化すから。そして、翻訳されたい――海外の読者や翻訳家や出版社と直接繋がり対話に加わりたい――という書き手の気持ちも、翻訳文学の出版や成功を大きく左右すると思う」。

英米の「長編と短編」の文化に新たな風を吹き込む日本発のノヴェラ（中編）

「日本の女性作家たちはアメリカで書かれているものとは全く違う物語を書いている」とデビッドは言う。「（アメリカの）文芸創作プログラムを出ていない彼女たちは、同時代文学に多くの新しいアイディアを吹き込んでいる。彼女たちの実験性は不可欠だ」。

文芸創作修士の卒業生に共通する特徴があるかは意見の分かれるところだが、英米（特にアメリカ）の文学空間において、文芸創作の修士プログラムが大きな位置を占めることは間違いない。ニューヨーカー誌が毎年選ぶ「40歳以下の20人」（20 under 40）のリストは多大な影響力を誇るが、２０１０年に選抜された20人中16人が文芸創作修士号の取得者（内６名がアイオワ大学、４名がコロンビア大学[*5]）。修士課程に進まなかった作家でも、例えばジョナサン・サフラン・フォアのように、学部生として文芸創作を学び、在学中に書き始めた小説でデビューした書き手もいる。

文芸創作修士の学生は、（一般的に数千ワードから1万ワードまでとされる）短編か（一般的に4万ワード以上とされる）長編を書くよう促されることが多い。もちろん英語圏にも、イアン・マキューアン（『贖罪』など）のようにノヴェラ（中編）が「散文小説の理想的な形」だと考える書き手もいるが、[*6] 長編と短編を書き分ける文化は今も根強い。

そんな中、日本の文芸誌（という少し特殊な場）で長年洗練されてきた「日本式ノヴェラ」の英訳が、ベストセラーになったり伝統のある賞を受賞したりしている。顕著な例は、前述の多和田葉子『献灯使』や村田沙耶香『コンビニ人間』。もちろん、吉本ばななの『キッチン』（*Kitchen*、メーガン・バッカス訳）を含め、過去にロングセラーになった例はあるが、英語圏で「ノヴェラ」が受け入れられ始めたのはここ最近だとジニーは言う。そして、中編は日本の作家が得意とするフォーマットでもあると。『コンビニ人間』の英訳も、はじめは（日本語で原稿用紙約200枚、英訳で約3万ワードの）「コンビニ人間」と短編数本を合わせて「作品集」として出す案も検討されたが、最終的には中編1

編で十分インパクトがあると出版社が判断した。

多和田葉子の『献灯使』も、日本の単行本では（既に英訳が雑誌やアンソロジーで発表されていた「不死の島」と「彼岸」の2編も含む）全5編が収録されているが、英訳では表題作1編のみで書籍化された。そして、前述の通り全米図書賞を翻訳文学部門で受賞した。さらに中編『乳と卵』を拡張する形で書かれた『夏物語』の英訳についても、第一部（中編『乳と卵』と重なる部分）までで川上の才能は明らかだとする評者もいる。[*7][*8]ヒラリー・ケリーが指摘していた通り、スリムな「ノヴェラ」よりも大きな「ノヴェル」が重要視される文化が揺らぎ始めているのかもしれない。

同時代作品への偏り？

より多くの女性の作品が訳されるようになったことは喜ばしいことだと訳者たちは声を揃えて言う。だが、もちろん懸念もある。ルーシーは、歴史的・文学的背景に関する理解が限られているなかで日本文学が海外で「消費」されている可能性を指摘する。また、アリソンは、英語圏における翻訳文学の課題の一つは、作家がどのような書き手か狭く分類されてしまうことだと言う。「西洋の読者は一人の外国人作家が様々なスタイルでものを書くことにあまり寛大ではない」のだと。

出版社としては新作を発表し続ける可能性のある同時代作家の方が魅力的であるため、まだ訳されていない明治・大正・昭和の作品の翻訳が（大学出版会以外から）出版されにくいのも課題だ。

２０１１年に刊行された太宰治の『女生徒』の翻訳をしたアリソンは、いつか原田康子の『挽歌』を訳したいと思っており、デビッドは幸田文や森茉莉のような作家の作品ももっと訳されるべきだと言う。また、１９９０年代後半に出版した河野多恵子の短編集の翻訳が昨年再版され、再評価された経験を持つルーシーも、過去の作品にも目を向ける重要性を強調し、訳されるべき作家として林芙美子、円地文子、そして長年ジェラルディン・ハーコートによって訳されてきて、英訳が最近より広い層に届き始めている津島佑子の名を挙げる。

いずれにせよ、メールインタビューに応じてくれた7人のような、自ら訳したい作家や作品を見つけ、出版社に紹介し、記事を書くなどして作家や作品を積極的に読者に紹介する訳者が増えているのも、（政府主導のプログラムなどでは「順番待ち」のため作品が選ばれにくい）比較的若い世代の女性作家の作品の広がりや評価に繫がっているのは間違いないだろう。そのような翻訳家たちの活動を今後どれだけ支えていけるか。そこが一番の課題かもしれない。

ブリテン諸島出版見聞日記　1

（2020年2月号）

ハン・ガンの翻訳者　2019年9月29日

改装中のロビーでチェックインを済ませ、青りんごをかじりながらエレベーターに乗り込み、2階（イギリスではファースト・フロア）の部屋に上がる。ロンドンもこのホテルも5年ぶり。部屋は決して広くないが、ヒースロー・エクスプレスが止まるパディントン駅とハイド・パークが近いのが便利で、ロンドン初日は必ずここに泊まる。

2019年、勤務先の大学のサバティカル（特別研究期間）でイギリスに来た。40歳になる年に、新たな方向性を見出し、リフレッシュして大学に戻る！　というのを一応の目標に掲げてみたが、同時にサバティカルに一度入ってしまったら、もう通常の大学の業務には戻れないのではという不安もあった。そんなことをサバティカルから戻ってきたばかりの同僚に話したら「オサラバティカルにならないことを願うよ」と笑われた。

ラウンジに下りて、Ｗｉ‐Ｆｉに接続し、翌日会う予定のデボラ・スミスに打ち合わせ場所の確認メールを打つ。初めは、ほとんど誰にも会わず、1ヵ月間机に向かうつもりでいたが、いつの間にか毎日のように大学や出版関係者とのアポが入っていた。

デボラは韓国語から英語への翻訳家。２０１６年に刊行したハン・ガンの『菜食主義者』の英訳（*The Vegetarian*）でマン・ブッカー国際賞（現国際ブッカー賞）を受賞している。

マン・ブッカー国際賞は、その前年までは作家の「作品群」に与えられていた。それまでの受賞者は、チヌア・アチェベ（当時76歳）、アリス・マンロー（当時77歳）、フィリップ・ロス（当時78歳）などの超大御所。その賞が、それまで翻訳文学を対象としていた「インデペンデント・フォレン・フィクション・プライズ」の終了もあり、その年に英訳で刊行された小説に与えられることになった。賞の性質がノーベル賞のような「功労賞」型からブッカー賞や全米図書賞のような単年度単著型に根本的に変わったわけだが、そのネーム・バリューは変わらず高く、5万ポンドの賞金を折半した著者と訳者は一夜にして文芸界のスーパー・スターに。英語圏で翻訳家があそこまで注目されるのは初めて見た。

デボラはアジア発の翻訳文学を専門としたティルティッド・アクシス・プレスという小さな出版社も運営している。何度か来日したり、イギリスで日本の作家が参加するイベントに足を運ぶなど、日本文学に対する関心も高く、2019年に柳美里の『JR上野駅公園口』を（モーガン・ジャイルズ訳で）出し、2020年には松田青子『おばちゃんたちのいるところ』の英訳を（ポリー・バートン訳で）刊行する予定でいる。

出版社の事務所をイングランド北部のシェフィールドに置いていた時期もあったが、今はスタッフが集まる場所を敢えて置かず、ネットで繋がり仕事をしている。代表のデボラはベルリンに住んでいて、ペン・クラブ（通称英国ペン）のイベントに参加するためにわざわざロンドンまで来るとのことだった。

いまいちなロンドン・ペール・エールを飲みながら、新聞の文庫紹介欄で取り上げるために日本から持ってきた小説を読んでいると、デボラから返信メールが届く。「結局ロンドンに行けなかった。なのでまた今度！」と。初っ端からドタキャン・スタート。先が思いやられる。

ロンドンの書店の日本文学　9月30日

デボラとのアポがなくなり、夕方までとくに予定がないので、「フリーランスにやさしい」カフェがある、名物書店フォイルズへ。

トテナム・コート・ロード駅からトラファルガー広場までロンドンの中心街を北南に走るチャリング・クロス・ロードに面したウィンドー・ディスプレーは、マーガレット・アトウッドの新作 *The Testaments*（『誓願』、鴻巣友季子による邦訳は2020年刊）。1985年に刊行され、2017年に Hulu がドラマ化した *The Handmaid's Tale*（『侍女の物語』）の続編。刊行前から注目されていて、2019年のブッカー賞の選考がはじまったときにはまだ未刊だったにもかかわらず、例外的に候補作に選ばれた。出版社の力の入れようも明らかに違う。

店内に入ると、2週間後に発表を控えたブッカー賞の最終候補を集めた棚がまず目に入る。候補作は過去に一度ブッカー賞を受賞しているアトウッドとサルマン・ラシュディのベテラン組の最新作の他に、アメリカ人作家のルーシー・エルマンのほぼワンセンテンスで書かれた1000ページ超えの大作 *Ducks, Newburyport*、トルコ出身のエリフ・シャファクが初めて英語で書いた *10Minutes 38Seconds in This Strange World*、2015年にデビュー作 *The Fishermen*（『ぼくらが漁師だったころ』）でもブッカーの最終候補に残ったチゴズィエ・オビオマの2作目 *An Orchestra of Minorities* と、バーナディン・エヴァリストが12人の黒人女性の物語を紡ぐ *Girl, Woman, Other*。メディアでは「白人男性」による作品が含まれていないことがブッカーの多様化のしるしだと指摘されていた。しばらく悩んだ末、手に取った *Girl, Woman, Other* を棚に戻し、オーディオ・ブック版をダウンロードする。

1階（グラウンド・フロア）には日本文学も多く並んでいる。村上春樹の『騎士団長殺し』（*Killing Commendatore*）に関しては、ペーパーバック版を積んだ専用のテーブルが設置されている。日本語の原作は、単行本で2冊、文庫では4冊に分けて出版されているが、英訳では700ページ超えの一巻本。『1Q84』のときと同様に、よりタイムリーに英語圏の読者に届けるために、2人の訳者が手分けして訳した。第1部を訳したフィルと、2部を訳したテッドに送ろうと思い写真を撮る。

2階に上がると、小川洋子の『密やかな結晶』の英訳 *The Memory Police* が、書店員のお薦め本として取り上げられている。日本では1994年に刊行された作品だが、スティーブン・スナイダーによる英訳が出たのは2019年夏。四半世紀を経ての英語での出版となるが、「記憶狩り」が行われる島が舞台の作品は、情報が凄まじいスピードで消費され忘却される現代を表していると話題に。全米図書賞の翻訳部門の最終候補作品にも選ばれた。

隣の棚には、2018年にフォイルズの「ブック・オブ・ザ・イヤー」に選ばれた村田沙耶香の『コンビニ人間』の英訳が、表紙の色が青、黄色、ピンクの3つのバージョンで

ロンドンのフォイルズ書店。（上）マーガレット・アトウッド *The Testaments*（『誓願』）のウィンドー・ディスプレー、（右下）村上春樹『騎士団長殺し』イギリス版、（左下）村田沙耶香『コンビニ人間』イギリス版

並んでいる。アメリカ版ハードカバーの表紙にはおかっぱ頭の女の子の形をしたおにぎりが使われたが、イギリス版のペーパーバックを飾るのは魚の形をした醬油さし。表紙に「少し不思議」で「かわいい」ものを使うと読者の目を引くのだろう。タイトルは*Convenience Store Woman*（『コンビニ店の女（性）』）。「人間」を「女（性）」と訳すのはいかがなものかという意見も（特に日本文学の研究者から）聞こえてくるが、アメリカの出版社が決めたタイトルらしい。一時は反対したという訳者のジニーも、結果的にはキャッチーな*Convenience Store Woman*がベストだったと言う。

その他にもティルティッド・アクシス・プレスから出ている柳美里の『JR上野駅公園口』の英訳が店員のお薦め本としてピックアップされている。ポップには「柳美里によるこの素晴らしい小説には、作品を通して社会格差の残酷さに対する静かな怒りが流れている」と書かれている。英語版のタイトルは*Tokyo Ueno Station*。訳者のモーガンと編集者のデボラによると、イギリスでは上野駅の認知度が低いので、舞台が東京であることを明確にするためにそうしたらしい。

10年前に英米の編集者を日本に招聘した際に、イギリスから来ていた2人は、翻訳で出版する作品選びの最大の基準として「読者を別の場所に旅させてくれること」をあげていた。ネットなどで情報が増えている今も、英語圏の多くの読者にとっては、日本はなかなか訪れることのできないエキゾチックな極東の国なのだろう。

特に東京に対する憧れや好奇心は強く、それを前面に打ち出して文学作品を売る方法も珍しくない。有名なのは、村上春樹の『ノルウェイの森』のスペイン語版のタイトルが *Tokio Blues* と訳されている例だが、タイトルに東京を付け足す方法はイギリスで目立つ。

2012年にアメリカで（アリソン・マーキン・パウエル訳で）*The Briefcase* という題で刊行された川上弘美の『センセイの鞄』も、2013年にイギリスで刊行された際には *Strange Weather in Tokyo* に改題された。いかにも天気の話が好きなイギリス人らしい発想のタイトルのようにも思えるが、これは小説後半の「ツキコさんが妙なことを言うから、妙な空になってしまいました」（英訳は「This strange weather must be a result of the strange thing you said, Tsukiko.」）というセンセイの台詞にインスピレーションを受けて、イギリス版の編集者のアン・メドーズが発案したという。

ちなみに、表紙の写真は、現代美術家の林ナツミによる架空日記シリーズ「本日の浮遊」からの一枚。恐らく日本以外の漢字圏の料理店で、アジア系の女性（林ナツミ本人）が宙を舞っている。このような形で刊行されたイギリス版は、アメリカ版の何倍も売れた。しかも、最近アメリカで再版された際には、アメリカ版も *Strange Weather in Tokyo* に改題され、1年で過去5年の売上を上回ったとのこと。

川上弘美『センセイの鞄』
イギリス版

2018年、『コンビニ人間』が発売された際のフォイルズ書店のウィンドー・ディスプレー

２０１８年に全米図書賞を受賞した多和田葉子の『献灯使』の英訳（マーガレット・満谷訳）の題名も、アメリカでは *The Emissary* と訳されているが、アンがグランタで出したイギリス版では *The Last Children of Tokyo* に改題されている。イギリスで『コンビニ人間』のプロモーションに（書店のウィンドー・ディスプレーや自販機の形をした棚を作ったり、地下鉄で広告を打つなど）力を入れ、大ベストセラーになるきっかけを作ったアンに、タイトルに「TOKYO」を入れる手法について聞くと「証明するのは不可能だけれども、東京を入れていなければ、あそこまで売れなかったと思う」と言う。

翻訳家が企画提案できるイベント　9月30日夕方

Girl, Woman, Other のオーディオ版を聴きながらバス停に向かう。オーディオ・ブックは著者が読むもの（ポール・オースターの『４３２１』など）と役者やプロのナレーターが読むものとに分かれるが、声との相性もあるので必ずプレビューを聞いてから購入する。*Girl, Woman, Other* を朗読している（テレビドラマ『ミスフィッツ』などにも出演している）女優のアンナ・マリア・ナビリエの声は心地よく耳に響く。

ちなみに、日本文学の英訳で語り手や主人公が女性の場合、オーディオ版の朗読は日系アメリカ人女性がつとめることが多い(例えば、小川洋子 *The Memory Police* や村上春樹『1Q84』の青豆の章もそう)。その方が、オーセンティックだという考えからだろう。オーセンティシティーを更に突き詰めようとしているのは、例えばオルガ・トカルチュクの *Drive Your Plow Over the Bones of the Dead* の英語朗読。かすかにポーランド訛りの残る(ポーランド出身の)女優のベアタ・ポズニアクによる朗読は味があるが、読むスピードがとてもゆっくりで、速度を1・25倍から1・5倍に設定したくなる。

今まで聴いたもので最も衝撃を受けたのは、村上春樹『色彩を持たない多崎つくると、彼の巡礼の年』の(フィリップ・ゲイブリエルによる)英訳のオーディオ版。オレゴン育ちで『モータル・コンバット』などにも出演している日系アメリカ人俳優のブルース・アサト・ロックは、地の文はアメリカ英語で読んでいるものの、日本人の登場人物の会話文については、あえて(一昔前のハリウッド映画の日本人登場人物を思わせる)日本訛りの英語を用いている。朗読も広い意味での「翻訳」。オーディオ・ブックが更に広がるにつれて、訳書のオーディオ化がどのような方針で行われるかも気になるところ。

トテナム・コート・ロード駅前からバスでファリンドン近くにあるイベント会場へ向かう。スーツケースを抱えて帰宅ラッシュで混雑しているバスに乗り込む。車内はラテン系やアフリカ系の乗客が目立つ。中東やアジア系もポツポツ。目の前のカップルは、英語とスペイン語を交ぜながら会話をしている。ロンドンのバスは、この街の多様性をよく表している。

事前に調べていたバス停で降り、記憶を頼りに会場に向かう。フリー・ワード・センターは、女性作家の作品で知られるヴィラゴ・プレスの創設者の一人が2009年に設立したNPO。文芸関連のイベントを年中開催している。多様な「声」を届けることをミッションとしており、移民やマイノリティーを支援するプログラムも充実している。9月30日は「世界翻訳の日」で、今日のイベントは英国ペン・クラブ主催の「Translating Today」。

イベント開始時間ぎりぎりに会場に入ると、キャパ90人のホールは満席。階段に座り、会場を見渡すと、観客の8〜9割は女性。バスの車内とは打って変わって、壇上のアジア人女性以外はほぼ全員が白人。イギリスの文芸イベントにしても、女性と白人の割合が高い方かもしれない。

日本文学の英訳の世界も、最近は女性の訳者の活躍が目覚ましい。以前は日本文学の博士号を持つ男性研究者による翻訳が多かった印象があるが、ここ10年ほどは大学に属さない翻訳家の活躍も目立つ。

大学所属の研究者は、少なくともテニュア（終身雇用）になるまでは、存命の作家を研究対象にしにくい現状がある。そのため同時代の作品を読んでいる人は意外と少なく、翻訳を研究者のイニシアティブだけに頼ると、新しいものがなかなか訳されない。学界に属さない人にも翻訳家になる道筋を示すことで、翻訳される作品の幅も広がり、同時代の作品がタイムリーに訳される基盤ができる。それがイースト・アングリア大学（UEA）の英国文芸翻訳センター（BCLT＝British Centre for Literary Translation）などが積極的に取り組んできた仕事のひとつ。BCLTのプログラムをきっかけに翻訳家としてのキャリアを確立した若手の日本文学翻訳家も少なくない。特にここ5年ほどは、女性の作家・翻訳家ペア（時にはそこに編集者も加わりトリオとなる）による作品が支持を得ていて、ミニブーム化している。

これは英米の出版業界全体にも言えるが、今後の課題のひとつは訳者の更なる多様化。今までは、アメリカやイギリスの（主に白人＝マジョリティーの）英語を母語とする訳者が、日本（に限らず非英語圏）の作品の紹介者をつとめてきた。翻訳家のバックグラウンドも多様化すると、紹介される作品だけでなく、翻訳のスタイルにも広がりが出てくるはず。

そのような意味では、イベントの後半で行われた出版社への「ピッチ・セッション」は興味深かった。制限時間内に翻訳家が編集者に企画を「ピッチ」（公開提案）するという企画。イギリスで未だ人気のオーディション番組を思わせる。今回参加した出版社は、リトル・ブラウン・アンド・カンパニー、フェーバー&フェーバー、フィッツカラルド・エディションズの3社（当初の予定ではここにティルティッド・アクシスのデボラも加わる予定だった）。国際的な企業の傘下にある大手、老舗の独立系、勢いのあるスタートアップと、少しずつタイプが異なる出版社が選ばれている。

ピッチをするのはイギリス、ブルガリア、リトアニア出身の3人の女性。企画を書面で出し、主催者と出版社に選ばれた。英語が「母語」でない訳者が3人中2人も選ばれたのは新鮮。文芸翻訳の世界では、（母語からではなく）「母語へ翻訳すべき」という考えが強いが、最近は母語以外の言語への翻訳の重要性を指摘する人も増えている。英語圏の既存のポエティクスに合わせてばかりいるのではなく、翻訳を通して英語の可能性を広げるべきだと。でも読者や売上を意識しなくてはならない出版業界でこの理想を実践に移している人は多くない。そんな中、今回のイベントの主催者と参加した編集者たちは、あえて母語以外へ翻訳する訳者の企画を選んだことになる。

予想どおり、訳者のピッチに対する編集者のコメントは分かれる。どちらかというとハイブラウな作品で知られるフィッツカラルドのジャックはプロットには興味がないと言い、もう少し商業路線の強いリトル・ブラウンのアイラは逆にストーリーについて細かく知りたかったと訳者にフィードバックする。フェーバーのエミーのスタンスはその中間ぐらいで、翻訳者自身のバックグラウンドについても聞きたかったとコメントしたのが印象的。フェーバーは、カズオ・イシグロの作品も出しているが、出版している作家のうち、イギリス人白人男性の割合が高すぎると批判されていて、リストの多様化に取り組んでいるとの話も聞いていた。そのような理由もあり、今回の企画に若手編集者を送り込んできたのだろう。

イベント終了後、ラウンジでレセプションが開かれる。ビールや白ワインが振る舞われ、ネットワーキングが行われる。壇上でピッチの機会を得られなかった翻訳家たちは、タイミングを見計らい、編集者たちをつかまえ、温めている企画をピッチする。そして、編集者たちは、期待をさせすぎない程度に相槌を打ち、原稿ができたら送るように促し、数分後にはまた別の人に話しに行く。フランクフルトやロンドンなどのブック・フェアのミーティングもそうだが、こうなるとほとんど文芸スピード・デーティングだ。

イースト・アングリア大学の創作プログラムの卒業生で、翻訳家のメンターシップ・プログラム（ベテラン翻訳家が新人翻訳家の仕事に1年間付き合う企画）の運営にも携わっているセーラと立ち話をしていると、今回の訪英をセッティングしてくれたケイトが現れる。もともとアーツ・カウンシル（文化事業の支援団体）の職員として文芸関連のプログラムを担当していたケイトは、2011年から2015年までイースト・アングリア大学の英国文芸翻訳センターのディレクターをつとめ、日本文学の翻訳ワークショップや出版プロジェクトをいろいろと企画してくれた。2016年にノリッジ・ライターズ・センター（現ナショナル・センター・フォア・ライティング）に移り、引き続き日本の作家や翻訳家をノリッジに招いている。

ケイト、セーラ、そして先ほどまで壇上でブルガリアの小説について熱く語っていたエカタリナの三人と一緒にリバプール・ストリート駅に向かう。エカタリナは、これから10日間ノリッジのナショナル・センター・フォア・ライティングに隣接したコッテージでトランスレーター・イン・レジデンスとして過ごすとのこと。滞在中は、イースト・アングリア大学での講義に出る以外は、基本的にはコッテージに籠り、イベントで出版社に売り込んでいた作品を訳すのだという。

ブルガリアで文学作品の英訳を仕事にしている翻訳家は他に何人いるのか聞くと、片手で数えられるほどしかいないと言う。エカタリナ自身、まだ訳書を出版できていないが、海外進出を目指すブルガリアの作家に直接雇われてサンプルを訳す仕事だけで十分忙しいらしい。「これは英語圏で出すのは難しいのでは」と思う作品の翻訳も「生活のために」受けることもあると言う。日本の書き手も以前より海外に目が向いているような印象があるが、文芸作品の読者数が限られているブルガリアでは、海外(特に良くも悪くも国際文芸市場の中心にある英語圏)に機会を見出す姿勢は更に強いのかもしれない。

文芸翻訳の推進拠点　10月1日

川沿いにあるナショナル・センター・フォア・ライティングでケイトとエカタリナと合流し、バスでイースト・アングリア大学(UEA)に向かう。

終点でバスを降り、(ノーマン・フォスターによる初の公開建築である)セインズベリー視覚芸術センター内のレストランへ。UEAに来るのは7回目。過去に翻訳ワークショップに4回、大学で行われる文芸祭に2回参加したことがある。レストランでは、英国文芸翻訳センター(BCLT)のメンバーが出迎えてくれる。

BCLTは、1989年に当時イースト・アングリア大学でドイツ近現代文学の教授をしていたW・G・〝マックス〟・ゼーバルト(『アウステルリッツ』など)によって設立され、イギリスにおける文芸翻訳の推進を目的に、ワークショップ、講演など様々なプログラムを30年間運営してきた。

そのなかでも最も有名なのが、毎年7月下旬に開催される「文芸翻訳サマー・スクー

「世界翻訳の日」（9月30日）に英国ペン・クラブ主催で開催されたイベントTranslating Today

英国文芸翻訳センター（BCLT）日本語ワークショップ第4期のメンバー（2013年）

ル」。様々な言語やスタイルで1週間弱の翻訳合宿が行われるが、基本となるのは一人の作家とベテラン翻訳家がペアを組み、10名ほどの新人翻訳家と共同で参加作家の作品を訳すタイプのもの。

日本からも、２０１０年から２０１３年にかけて、多和田葉子／マーガレット・満谷（『容疑者の夜行列車』）、川上未映子／マイケル・エメリック（『乳と卵』）、古川日出男／マイケル・エメリック（『馬たちよ、それでも光は無垢で』）、松田青子／ジェフリー・アングルズ（『スタッキング可能』）の４ペアがワークショップ・リーダーとして参加している。

1週間かけて翻訳された作品は、最終的に朗読パフォーマンスの形で共有される。『乳と卵』を訳した2年目のグループは、「ぐしゃわ、っていう聞き慣れない音とともにしぶきのように黄身が飛び散り、それから、お母さん、お母さん、と連呼しながらすでに叩きつけたのをさらに何度も叩きつけ、手のなか髪のなかで泡だった」という一文の「ぐしゃわ」という独特な擬音語を（擬音語が日本語ほど豊かではない）英語に置き換える代わりに、壇上で卵を頭に叩きつけ、笑いを誘った。ちなみに、中編『乳と卵』は、長編『夏物語』へと拡張され、２０２０年春に*Breasts and Eggs*という題名で英訳が刊行される予定だが、訳者のデビッドによると「ぐしゃわ」は「splack」と訳されるらしい。

ＢＣＬＴの所長をつとめるダンカンはニーチェの専門家。２０１５年にウェールズのスウォンジー大学からイースト・アングリアに移ってきた。「退職までここにいたい」とノリッジがお気に入りの様子。訳書が50冊以上ある翻訳家のダニーとケイトが２人でディレクターをつとめていた時代は、ＢＣＬＴは主にアーツ・カウンシルなどの支援を受け、文芸翻訳を一般に広めるのをミッションに掲げていた。その後、大学の方針が変わり、センターはより「学術的」な方向に舵を切った。ダンカンの正式な肩書きも「アカデミック・ディレクター」。翻訳にまつわる研究をしている修士や博士の学生を指導しながら、（政府からの支援金にも紐づいている）「研究成果」を出すことが求められている。なかなか大変な仕事だ。

大学の方針転換を受け、文芸翻訳のプロジェクトの多くは、ケイトと共にナショナル・ライティング・センターに移行された。ユネスコ文学都市にも認定されているノリッジ内で、大学と各種センター間で連携が取れているのは、担当者間の信頼関係があるから。日本では残念ながら文芸翻訳に関わる組織間でこのような連携はあまり見られない。

「翻訳の編集は詩の編集と似ている」 10月2日

今日は大学の出版部（UEAパブリシング・プロジェクト）の運営責任者のネイサンとお茶をする。イギリスで「お茶をする」と言うと、20年前は紅茶を飲むことを意味したが、最近はコーヒーが主流で、カフェで飲める紅茶はクオリティーが低い（安いティーバッグで入れたものが出る）ことが多い。

UEAパブリシング・プロジェクトは、通常の大学出版会とは少し違う。学術論文を集めた研究書の類はほとんど出さない。文芸創作科の学生の作品を集めたアンソロジーなども手掛けるが、主に「独創的」で「実験的」なフィクション、ノンフィクション、詩集などの出版に力を入れている。

数年前には、文芸翻訳に特化したインプリント（出版ブランド）のストレンジャーズ・プレスも立ち上げ、数ヵ国語で翻訳のシリーズを出している。そのシリーズ第1弾が日本の作品を集めたケシキ・シリーズ。短編や短めの中編を中心に8冊のチャップ・ブック（冊子）を刊行した。500部スタートのため、販売部数をそこまで気にせず、新しい作家や少し実験的な作品も扱えるのがプロジェクトの特徴。

ストレンジャーズ・プレスの、日本の作品を集めたケシキ・シリーズ

書店に並んだケシキ・シリーズ（ウォーターストーンズ書店のトテナム・コート・ロード店）

それぞれのチャップ・ブックには、英語圏の作家がまえがきを寄せている。例えば、松田青子『もうすぐ結婚する女』はカレン・ラッセル、小野正嗣『森のはずれで』はアキール・シャルマ、平野啓一郎『透明な迷宮』はジョン・フリーマン。英語圏の作家に紹介してもらうことで、その作家の読者をはじめ、普段は日本文学をあまり読まない層にも本を届けるのが狙いだ。

ネイサンによると、8冊全てが増刷され、今のところそれぞれ1000冊ほど売れているとのこと。驚くような数字ではないが、プロジェクトの性質を考えると、それなりに健闘している方では。利益は同じシリーズの第2弾に充てられるらしい。小さなプロジェクトでも、このように継続されるのは理想的なこと。

出版社を運営しているのは、UEAの文芸創作プログラムでも教えている短編作家のフィリップと詩人で編集者のネイサンの2人。日々の運営や編集は主にネイサンが担当しているので、ほとんど「ひとり出版社」に近い。

ネイサン自身も、UEAの創作大学院の卒業生。詩で修士課程を修了し、博士課程まで進んだ。詩を専攻した学生は、詩人としては食べていけないので、博士号を取り、大学に職を求めるのが一つのルート。でも詩を教えるポジションは限られている。ネイサンはとりあえず編集者の道を選んだ。創作ワークショップは、自らの作品を発表する場でもあるが、より多くの時間が他の学生の作品を読み込み、単語やセンテンスレベルで細かくフィードバックをすることに費やされるので、編集のトレーニングにもなる。

英米の編集者には出版関連の大学院を出ている者もいるが、創作科出身も少なくない。ワークショップに参加し、自分は創作よりも編集に向いていると気づく人が多いらしい。文芸誌『グランタ』の日本特集の編集責任者をつとめ、現在アメリカの出版社ソフト・スカルで編集長として川上弘美や本谷有希子の作品を出しているユカ（・イガラシ）もアメリカの大学の創作修士の卒業生で、コロンビア大学でライティングの授業を担当していたこともある。

「翻訳の編集は詩の編集と似ている」とネイサンは言う。どちらも英語の可能性を広げる実験場としておもしろいのだと。このようなスタンスの編集者に会うと嬉しくなる。ネイサンの大学との契約形態は（最高5年まで延長可能の）1年契約。毎年結果を出し、5年以内に新たな契約を勝ち取るか、別の出版社で仕事を見つける必要がある。「そんな先まで考えてられないけどね」とネイサンは椅子の背もたれに寄りかかりながら言う。「この状況が続いたら（僕らは出版の話をする前にブレグジットについて意見を交わしていた）、5年後にこの国に住んでるかもわからないしね！」。

「猫文学」の意外な広がり　10月4日

午前中のルーティンを終え、バス停に向かう前にウォーターストーンズのグラウンド・フロアに下り、フィクションの棚に目を通す。

Mの棚は日本文学がズラリ。まず三島由紀夫の作品が数冊並び、村（MURA）以降は、村上春樹、村上龍、村田沙耶香と続く。

Kの棚は、川（KAWA）ではじまる日本人作家の作品が並ぶ。川端康成4冊、川上弘美6冊、川上未映子、川口俊和、川村元気が1冊ずつ。川上弘美の*Strange Weather in Tokyo*は、棚挿しにもかかわらず4冊もある。訳者のアリソンの言う通り売れているのだろう。

川村元気の*If Cats Disappeared from the World*（『世界から猫が消えたなら』）は（村上春樹の『海辺のカフカ』の英訳*Kafka on the Shore*のイギリス版の装丁を想わせる）黒猫が描かれた表紙が見えるように置かれている。猫にまつわる日本文学の英訳版が売れているらしい。

2014年には、平出隆の*The Guest Cat*（『猫の客』）がベストセラーになり、201

ノリッジのウォーターストーンズ書店のKの棚。
黒猫の表紙の本は、川村元気『世界から猫が消えたなら』のイギリス版

7年に村上春樹作品の訳者としても知られるフィリップ・ゲイブリエルの訳で（これまた黒猫の表紙で）刊行された有川浩の *The Travelling Cat Chronicles*（『旅猫リポート』）も話題になった。ちなみに、*The Guest Cat* も *If Cats Disappeared from the World* もイギリスでは（2020年春に川上未映子『夏物語』の英訳なども刊行予定の）ピカドールから出ている。知人の編集者に聞くと、日本の猫関連の本を意欲的に出している編集者がいるとか。「キャットはキャッチーだから必ず売れるんだよ」と彼は言う。

イースト・アングリア大学の文芸創作の修士号を取得し、小説を書き終えるために博士課程に進んだニックも、来年（村田沙耶香『コンビニ人間』も出している）グローヴ・アトランティック社から *The Cat and the City* という連作短編集を出す予定。ニックの博士論文は、この作品集と「日本文学と猫」に関する短い考察を合わせたもの。猫が出てくる日本の作品が英語圏で評判であることも、今回の小説を書くきっかけになったと言う。読むのが楽しみだが、吾輩に言わせてみれば少し不思議な現象である。

ブッカー賞の存在感　10月7日

知人の新聞記者から新たにノーベル文学賞に関する取材の依頼が（日本人が受賞した場

合限定で）来る。日本にいないので取材を受けるのは難しいと伝えると、イギリスにおけるノーベル文学賞に関するエッセーはどうかと聞かれる。確かにノリッジはユネスコ文学都市で、2年前にカズオ・イシグロがノーベル賞を受賞した際に、最初にイベントに出たのもイースト・アングリア大学。でもイギリスでは、ノーベル文学賞の発表時期になっても、日本のようなお祭り騒ぎにはならない。どちらかというと（良くも悪くも）ノーベル賞の4日後に発表されるブッカー賞に重きが置かれている感がある。なので申し訳ないのだけれども、読者の関心を引くような寄稿文を書ける自信がないと伝え、了承してもらう。

ノーベル文学賞は、最終選考に関わるグループが基本的には固定されており、そのメンバーも多様とは言い難い。なぜ主にスウェーデン文学やスウェーデン語を専門とする白人男性から構成される組織の意見がそこまで重要視されるのかが不思議。問題は、化学、医学、経済学などの他のノーベル賞に下支えされているノーベル文学賞の「ブランド力」が強すぎること。ノーベル文学賞に対抗すべく幾つもの国際的な賞が発案されてきたが、そのインパクトは長続きしない。2016年に対象を「作品群」からその年に刊行された「作品」に替えた（マン）国際ブッカー賞も良い例。ノーベル文学賞に価値を与えているのはそこに大きな価値があるという幻想を支えている我々。さすがにひと握りの人間にパワーを与えすぎていないだろうかと反省する。

仕事を終え、ノリッジ滞在中泊めてもらっているケイトとフェアレスの家に戻ると、2人がキッチンで夕飯の準備をしている。ダイニング・テーブルにはスマホと一緒にオルガ・トカルチュクの *Flights*（『逃亡者』）が置いてある。

「なんかトカルチュクがノーベル賞を取るような気がするんだよね。去年（マン）国際ブッカー賞を取ってるし、夏にニューヨーカーに長いプロフィールも掲載されていたし」。そう言うと「今回は少なくとも一人は女性である可能性が高そうだしね」と手際良くじゃがいもを剥いているケイトが言う。確かに新しくスウェーデン・アカデミーの文学委員会の委員長についたアンデルス・オルソンは、今までヨーロッパの男性の受賞者が多かったが、今後は多様化する必要があるとコメントしていた。

隣に座るフェアレスが「君はどう思う?」と足元にいる猫のラムズフェルドに尋ねる。するとラムズフェルドは「またその話題かよ。勘弁してほしいね」とでも言いたそうな表情で我々を見上げてから、そっぽを向いて隣の部屋に行ってしまう。

ナショナル・センター・フォア・ライティングの企画でオランダから来ている2人の女性作家が夕食に来る。

新刊が出て「ツアー中」のエヴァはノリッジに3日しか滞在しないが、長編に取り組んでいるブレッツヒエは1ヵ月弱ナショナル・ライティング・センターのコッテージで過ごす予定。

アムステルダムとノリッジは昔から親交が深く、直行便も飛んでいるが、飛行機だと1時間かからないところを2人とも環境に配慮し、半日かけて電車で来ている。朝3時起きだったというエヴァは少し眠そう。

エヴァがヴィーガンなので、夕食は全てケイトの手作りヴィーガン料理。庭で採れた野菜で作られたシチューがメインで、ヴィーガン・ヨーグルトと胡瓜の和え物、ビーツのサラダ、フムスなど（フェアレスが特注したそれぞれ形の違う）木の皿に盛られた料理は色鮮やか。足元でラムズフェルドだけが魚入りのキャット・フードをもりもり食べている。13歳半とは思えない食欲。

食後は暖炉を囲み、エヴァがお土産に持ってきたヴィーガン・チョコをみんなでつまむ。本当は2人の作品について聞いてみたいところだが、どちらも英訳がまだ出ていない。エヴァは、独自の鳥類研究で知られるイギリス人女性をモデルとした小説の英訳が数週間後にプーシキン・プレスから出る予定で、ブレッヒエはＵＥＡパブリシングが出すオランダ文学のチャップ・ブックのシリーズから来年エッセーを数本まとめたものが出る予定。２人とも英訳されることについては複雑な心境だという。より多くの読者に読まれたい――厳密にはより多くの人に作品を開きたい――という気持ちはある。でも同時に英語圏が文学界の中心であるという考えにも抗いたい。

英語に堪能な２人は、翻訳のプロセスにどこまで関与すべきかについても悩んでいる。エヴァに関しては、専門である哲学の論文は自ら英語で書いている。訳書は訳者のものでもあるわけだからできるだけまかせたいという思いと、自分のイメージしていたものとやっぱり少し違うという気持ちが衝突する。が、自分が関わることにより、最終的に翻訳が良くなったかは、明らかな誤訳の回避以外は、いまいち確信がない。

日本文学の英訳に関しては、英語が得意な著者が限られていることもあり、書き手と訳者が密にコラボレーションする例は多くない。コラボレーションで最も成功しているのは、おそらくジュリエット・カーペンターによる水村美苗作品の英訳。でも、これは著者の英語が堪能で、訳者が経験豊富で、２人の間に深い信頼関係があるからこそできること。普通はそんなにうまくいかない。英語が少しできる（もしくはほとんどできない）著者の親族や友人に訳文を書き直されたという話もたまに聞く。そうなると、必ずと言っていいほど、訳者はその著者の作品を訳さなくなる。そして、新しい訳者もなかなかつかない。

「死んでも生きてる作家は訳さないって言ってる友人もいるけど」と言うと「気持ちは分かるけど、どうせ訳されるなら死ぬ前に訳されたいかな」と苦笑いしたのはエヴァだったかブレッヒェだったたか。

文芸交流をサポートする専門家 10月9日

夕方にエヴァとブレッヒェのトークイベントのためにナショナル・センター・フォア・ライティングのドラゴン・ホールへ。15世紀に貿易の場として使われていたホールが改修され、今は主に文芸イベント会場と結婚式場として使われている。英語版がまだ出ていない書き手のイベントで、大学でのブッカー賞ノミネート作家の公開インタビューと時間がかぶるにもかかわらず、80人用にセッティングされたスペースはほぼ満席。

司会は、数年前までケイトと文芸翻訳センターのディレクターをつとめていたダニー。

イベントは60分。ダニーが2人に2、3質問を振り、それぞれ英語で5分ほど朗読し、最後に会場から質問を受けて終了。短いように感じるが、イギリスではこれが文芸イベントのフォーマットとして定着している。観客が少し物足りなく感じるぐらいで終わるのが良いのだというのがダニーの意見。

イベント後に、会場でエヴァと（UEAパブリシングの）ネイサンと立ち話をしていると、日本文学の翻訳の話になる。エヴァは、ハルキ・ムラカミ以外の同時代作家の作品をもっとオランダ語に翻訳するべきだと言う。でも海外文学に興味のあるオランダの読者はどうせ英訳で読めるのでは。そう言うと、文学作品の場合は、オランダ語になると読者層が一挙に広がるのだと説明してくれる。読める読めないだけの問題ではない。オランダ語訳が出ると、そこにサポートしてくれる訳者や編集者もつくし、文学作品はできれば母語で読みたいという人も多い。なるほどね、と僕とネイサンが頷いていると、お酒で頬を少し赤らめた男性がエヴァに労（ねぎら）いの言葉をかける。「ちょうどいい。翻訳についてはこの人に聞くのがベスト。全て把握してるから」とエヴァが言う。

差し出された名刺には「オランダ文学財団」とある。文芸交流をミッションとしている財団で、特にオランダの文学を海外に広げるのに力を入れている。エヴァとブレッヒェの来英も財団が支援する「ニュー・ダッチ・ライティング」というプログラムの一環として企画されたもの。財団には、何年も文芸交流の仕事を専門にしてきた人たちが何人もいる。

ナショナル・センター・フォア・ライティングに隣接した
ゲストの滞在用のコッテージ

同センターのドラゴン・ホール。
文芸イベント会場としても使われている

日本でも似たような組織を作ろうと何度か試みられてきたが、定着するところまではなかなかいかない。なので、ヨーロッパのほとんどの国にいるような、文芸交流をサポートする専門家がいない。日本文学の翻訳を支援するプロジェクトが立ち上がっても、翻訳する作品の選書などは一時的に構成された委員会によって行われる。委員会方式のメリットもあるが、そこにはオーナーシップが生まれにくく、経験やネットワークが蓄積されないのが課題。専門家が3人いて、そこに少額の資金があれば、海外に紹介される日本文学の幅も広がるはず。でもしばらくは個人のがんばりに期待するしかなさそうだ。

ノー・ノーベル　10月10日

午前中の電車でロンドンへ。

マクレホーズ・プレスの編集責任者との待ち合わせ場所のレストランに少し早く着きすぎたので、隣のカフェでフラット・ホワイトを注文し、ノーベル文学賞のサイトを確認する。受賞者は、オルガ・トカルチュクとペーター・ハントケ。「ほらやっぱ！」とケイトにメッセージを送る。日本人受賞者が出た際にメールでコメントを依頼されていた2社から残念ながらコメントは必要ない旨のメールがほぼ同時に届く。新聞記者もこの時期は大変。

1時前にレストランに入ると、長身の男性が部屋の奥から手を振る。クリストファーは、90年代後半からゼロ年代前半にかけて村上春樹作品の英訳を積極的に出版し、イギリスで広めたベテラン編集者。イースト・アングリア大学で詩を教えていた知人のジョージのメモワールを出版したのも彼で、しばらくその話をするが、前菜のサラダが運ばれてきたタイミングでノーベル文学賞の話に。「トカルチュクは良いと思うけど、君はハントケの作品は読めるかい？　私は読めないね」と肩をすくめる。

新刊について尋ねると、（村上春樹作品の初期の英訳者としても知られる）アルフレッドの訳で矢作俊彦の長編を出す予定だと言い、２０２０年春のパンフレットを見せてくれる。（仮の）表紙のデザインにお決まりの日の丸が使われているのはいかがなものかと思いつつも、相変わらず新しい作家の発掘に力を入れている姿勢に感銘を受ける。クリストファーは１９４０年生まれで、もうすぐ80歳。でも引退なんて考えたことはない。倒れるまで本を出し続けるだけだと笑う。「また妻と2人で日本に行きたいと思っているんだ」と言うので「じゃあ次は日本で」と約束して別れる。

地下鉄でホテルのあるホルボーンへ。ホテルの部屋に荷物をおろしてから散歩に出ると、いつの間にか学生時代によく勉強部屋代わりに使っていたガワー・ストリートのウォ

ウォーターストーンズ書店のTの棚。ノーベル賞の発表でトカルチュクの本はすべて売り切れ

同店のレジ前の棚。村上春樹の最新作『色彩を持たない多崎つくると、彼の巡礼の年』のイギリス版も並んでいる

ーターストーンズの前にいる。

トカルチュクの *Flights* を買おうとアルファベット順に並んでいる棚のTのところに行く。が、棚の一部がごそっと抜けていて、トカルチュクの本は一冊もない。店員に聞くと数時間前に全て売り切れたのだと言う。やはりノーベル賞効果はあるらしい。トカルチュクの抜けた穴を埋めるように、サンディー・トクスヴィグの *Whistling for the Elephants* という本が一冊置いてある。興味を引かれるが、結局ひとつ上の棚にあるコルム・トビーンの本に手を伸ばす。２０１９年に出たばかりの *Mad, Bad, Dangerous to Know: The Fathers of Wilde, Yeats and Joyce* は、アイルランドのいわゆる「ビッグスリー」についてのノンフィクション。２日後のチェルトナム文芸祭のトビーンのイベントのチケットも押さえていて、その数日後にはダブリンに行く予定でいたので、ちょうどいいと思いレジに向かう。「本当はトカルチュクの本が買いたかったんだ」とレジでも言うと、立派な髭を蓄えた店員は「すぐまた入るはずだけど、ムラカミの最新作は読んだ？　ハントケよりは面白いと思うよ」と目の前の棚を指差す。

2章　新しい「日本文学」を編む編集者たち　1

『コンビニ人間』が英語圏の読者に届くまで

（2020年12月号）

一世代に3人から一ヵ月で3人が訳される時代へ

3人でお腹一杯。英語圏における日本文学需要は、そんな時代が長かったように思う。戦後から80年代にかけての3人は、川端康成、谷崎潤一郎、三島由紀夫の「ビッグ・スリー」（で、そこにたまに安部公房の名前が加わるかたち）。僕がアメリカで大学生をしていた90年代に、「現代日本文学」のシラバスに名を連ね、学外でも読まれていたのは大江健三郎、吉本ばなな、村上春樹の3人。そして、21世紀に突入してからの十数年は――根強いファンのいる日本の作家はもちろん他にもいたものの――村上春樹が圧倒的な存在感を示していた。

しかし、2010年代後半に入ってから、流れが少し変わってきた。日本文学の英訳が次々に刊行され、確実に読者を獲得している。ここ2、3年だけでも、小野正嗣、小山田浩子、川上未映子、柴崎友香、中島京子、平野啓一郎、松田青子、村田沙耶香などが英語圏で「単行本デビュー」している。そのほとんどの作品が独立系出版社から刊行されているのも特徴的だ。2000年代半ばからの10年ほどは、大手ランダムハウス（現ペンギン・ランダムハウス）から作品が刊行されている村上春樹がひとつのモデルとなり、日本の作家もその版元も英訳を出すなら大手がベスト（人によってはマスト）と考える風潮も強かった。

だが、最近では英訳を出す出版社を規模ではなく作風――そして何より編集者――との相性で選ぶ傾向が強まっているように思う。そしてその結果、2020年10月だけで日本文学の英訳が（少なくとも）3冊――小山田浩子『穴』、村田沙耶香『地球星人』、松田青子『おばちゃんたちのいるところ：Where The Wild Ladies Are』――も刊行され、注目を集めている。一言語（もしくは一世代）3人の時代から、一ヵ月で3冊へのシフトは喜ばしい変化と言えるだろう。

最近の英語圏における日本文学の飛躍の背景には——作品の内容が何より大きいのは言うまでもないが——1章でも述べたように新たな世代の翻訳家の活躍がある。

アカデミアや政府関連機関・組織主導で行われる文学の翻訳は、日本の「文壇」——あるいはフランスの社会学者ピエール・ブルデューに倣って言えば「文学場」——で地位が確立された書き手や作品を優先する傾向がある。良し悪しは別として、新たな世代の訳者たちは、大学の専門研究者や政府の翻訳出版助成システムとは異なるロジックで作品を選んでいて、その結果新たな（必ずしも作家歴が長いとは言えない）世代の作品がよりタイムリーに翻訳されている。

多くの書き手が、一応「新人賞」として位置づけられている芥川賞を受賞する前に（単行本ではなく短編などの雑誌掲載が多いが）英訳されているのも象徴的だろう。最近新たに英訳が刊行されているのは、70年代から80年代前半生まれのいわゆる「ロスジェネ世代」が目立つが、次の世代の翻訳家が出てくれば、おのずと次の世代の書き手の作品も頻繁に訳されはじめるに違いない。

そして、これらの翻訳家たちを支えているのが、やはり新しい――多くは作家と同年代か少し下の――世代の編集者たちだ。多くは独立系の出版社で働いている。これらの出版社は、いわゆるビッグ・ネームの作家に多額のアドバンス（印税の前払金）を支払う資金力がないこともあり、常に――翻訳文学も含め――新たな書き手の発掘に意欲的で、英米の出版界におけるイノヴェーションを後押ししている。

とくに若手の編集者は、（英米の出版界では終身雇用の発想がほとんどないこともあり）新人作家を発掘することにより自らのキャリアを築き上げていく必要がある。そのために、英米の大学に1000以上もある創作課程の卒業生の作品にアンテナを張るのは言うまでもないが、海外文学の動向に目を向けることも怠らない――というのもそれは、英語圏ではまだ未知だが才能ある（母国で話題になったり受賞歴があるという点で質が保証されている）「新人」を見つける最も手っ取り早い方法でもあるからだ。先述の10月に刊行されたばかりの3作品を支える編集者たちも、日々手探りで新たな作品を世に送り出している。

老舗グローヴ・プレスの目利き編集者

ここ数年、英語圏で刊行された日本の現代文学作品のなかで最も話題となり、多くの読者を獲得したのは、村田沙耶香の『コンビニ人間』だろう。ジニー竹森による英訳は、2018年夏に米グローヴ・プレスと英ポートベロ・ブックス（2019年からグランタ・ブックス）より刊行された。

そもそもグローヴ・プレスは、持続的かつ積極的に日本の重要作家2人を長らく翻訳紹介してきた出版社である。1970年代から『個人的な体験』（*A Personal Matter*）などの大江健三郎の作品を――著者が1994年にノーベル文学賞を受賞する20年以上前から――ジョン・ネースン訳で刊行し、90年代前半には吉本ばななの『キッチン』（*Kitchen*）を（メーガン・バッカス訳で）見事にヒットさせた。その後も、両者の作品を定期的に刊行し、現在は大江による著作を（編著1冊含め）12冊、吉本ばななの著作も（最新の英訳はメルヴィル・ハウス・ブックスやカウンターポイント・プレスなどから刊行されている

村田沙耶香『コンビニ人間』アメリカ版
(グローヴ・プレス刊)

が）7冊刊行している。

グローヴの著者リストに新たな日本語作家を加えたのはシニア・エディター（で数ヵ月前にグローヴ・プレスのイギリス支社の責任者にも就任した）ピーター・ブラックストックだ。

イギリス南西部の小さな町で、イギリス人の父とパンジャブ系マレーシア人の母の間に生まれたブラックストックは、語学の才能に恵まれた人のようだ。自宅では英語しか使わなかったものの、中学高校でフランス語などを学び、オックスフォード大学ではドイツ語とロシア語を専攻した。ブルガリア語も多少できるそうだ。

ブラックストックは、イギリスで海外の文学作品を出版社に紹介する「スカウト」として勤めたのち、2011年にニューヨークに移り、グローヴ・アトランティック社の社主のモーガン・エントレキンのアシスタントとして働きはじめた。編集者に昇進してからは、得意の語学力を活かして、英語以外で執筆している作家も含め、多様なバックグラウンドの書き手による作品を積極的に発掘してきた。例えば、2015年には、ベトナム系アメリカ人作家のヴィエト・タン・ウェンのデビュー小説 *The Sympathizer*（邦題『シンパサイザー』、上岡伸雄訳）を刊行し（ウェンは同作でピューリッツァー賞を受賞し、今年アジア系アメリカ人で初めてピューリッツァー賞の委員に選ばれた）、2018年には、ナイジェリア人の父とタミル系マレーシア人の母を持つアクワエケ・エメジの自伝的デビュー小説*Freshwater*を出版している。翻訳文学の刊行にも積極的で、彼が刊行した著者の出身地を見ると、アルバニア、エストニア、北朝鮮など実にさまざまだ。

『コンビニ人間』との出会い

ブラックストックは、日本からの作家を意識的に探していたわけではなかった。村田沙耶香の名をはじめて耳にしたのは2016年。フランクフルト・ブック・フェア開催中に、世界中から編集者を招聘する「フランクフルト・フェローシップ」に参加していたときのことだ。アウフバウ出版のオフィスで開かれたレセプションで、数ヵ月前に日本で芥川賞を受賞し、ベストセラーになっていた『コンビニ人間』を、この小説のドイツにおける版権を取得した編集者に薦められた。ブラックストックは、その場でスマホから村田沙耶香の海外版権を扱っているエージェントに問い合わせのメールを送ったという。

ブラックストックは、ブック・フェアの自社のブースで、打ち合わせの間に時間を見つけ、送られてきたシノプシスとサンプル翻訳をスマホの画面上で読んだ。資料は、著作権エージェントのイングリッシュ・エージェンシー・ジャパンの服部航平の相談を受けて、『コンビニ人間』の版元である文藝春秋が費用を負担し、既に村田沙耶香の短編を2編訳していたジニー・竹森に依頼してつくられたものだった。

村田（と竹森）の文体に惹かれたブラックストックは、『コンビニ人間』の冒頭からその独特な世界に引き込まれた。「労働者階級の人物」が描かれているのも新鮮に感じた。「社会の周縁に追いやられた人たちの物語にとても関心があります。小説で労働者階級の生活が描かれることは稀で、［出版されているものは］比較的限られた白人男性の物語だったりもする。『コンビニ人間』の世界では、特に働く女性の経験が中心に据えられているのが魅力だった」という。

ブラックストックは、ニューヨークに戻ると、シノプシス（作品のあらすじ）とサンプルを同僚にも読んでもらった。幼少時代を日本で過ごしたエディトリアル・ディレクターのエリザベス・シュミッツをはじめ、サンプルを読んだ全員から前向きな反応が返ってきた。ここまで社内で意見が一致することは稀だという。グローヴは、すかさず英語圏での翻訳出版権取得のオファーを出した。

ノヴェラ（中編）は売れない？

村田沙耶香を英語圏の読者に紹介するに当たってどのような本づくりがベストか。関係者の間で議論が交わされた。

まず問題になったのがその長さ。『コンビニ人間』は、「文學界」の2016年6月号に掲載され、同年7月に「新進作家による純文学の中・短編作品」を対象とする芥川賞を受賞している。過去10年の芥川賞の平均枚数が400字詰原稿用紙で約160枚なのに対して、『コンビニ人間』は約200枚。受賞作の中では少し長めの方だが、英訳では約3万2000ワード。英語圏では長編小説（Novel）ではなく、中編小説（Novella）にあたる。英語圏では長年「ノヴェラ」は売れないとされてきた。そのためブラックストックは

（日本では単独で書籍化されていた）『コンビニ人間』に短編を数本加えて「作品集」として刊行する方向も検討した。中編を単行本化（もしくは文庫化）する際に短編を併録することは日本では珍しくないが、英語圏ではあまり目にしないかたちだ。

だが、グローヴには日本の中編を中心に作品集を編んだ経験があった。例えば、1970年代には、大江健三郎の中短編4作（「みずから我が涙をぬぐいたまう日」「飼育」「われらの狂気を生き延びる道を教えよ」「空の怪物アグイー」）を一冊（*Teach Us to Outgrow Our Madness*、ジョン・ネースン訳）にまとめて刊行した。1990年代に吉本ばななの『キッチン』を刊行した際にも、日本の原著に倣い短編「ムーンライト・シャドウ」を一緒に収録していた。

グランタ誌が2014年に刊行した「日本特集」に掲載された"A Clean Marriage"（「清潔な結婚」）と早稲田文学震災チャリティ・プロジェクトの一環としてウェブに公開されていた"Lover on the Breeze"（「かぜのこいびと」）を読んだブラックストックは、短編を収録することにより村田沙耶香の「別の側面」も読者に紹介できるのではと考えた。

しかし、最終的には『コンビニ人間』の英訳は、単独で刊行されることになった。竹森の全訳を読んだブラックストックは、「ひとつの作品として見事に完結しており」、他の作品を収録したら「素晴らしい結末が損なわれてしまう」と感じたのだという。

英題は『コンビニエンス・ストア・ウーマン』に

本の題名についても議論が交わされた。サンプル翻訳の段階での仮題は *Convenience Store Woman*（『コンビニエンス・ストアの女性』）。『コンビニ人間』を直訳すると *Convenience Store Person* や *Convenience Store Human* となる。だが、ブラックストックは仮題をそのまま使うことにした。その方が、「社会的抑圧を受ける女性に関する力強い本」をより多くの読者に届けられると考えたからだ。

『コンビニ人間』の「人間」にジェンダーを充てるべきではない。日本文学の研究者を中心にそんな意見も聞こえてくる。「本のセクシャル・ポリティクスを表面化させる意義もあるだろうが（略）『コンビニ店員はみんな男でも女でもなく店員です！』とする［主人公の］古倉［恵子］自身の主張を弱める感がある」。「ニッポンドットコム」に寄せた評で翻訳家のマット・トライヴォーはそう指摘する。また、昨年オックスフォード大学で催された日本文学のシンポジウムでは、参加者の一人が「最も適切な英題は *Homo Convenience*（『ホモ・コンビニエンス』）だと思う」と発言すると、会場から歓声が上がった。

訳者の竹森も、初めは *Convenience Store Woman* という題名に難色を示したという。なぜなら「［古倉］恵子は意図的に社会における女性の運命から逃れ、「店に支配された生き物」と化している」のが作品上重要だからだ。でも最終的には、他の「インパクトの薄い」案よりも、本をより多くの読者に手に取ってもらえる「キャッチーな」題名が必要だという出版社の意見を受け入れたという。また、ジャパン・タイムズ紙のポッドキャストで題名について聞かれた際には、「#MeToo ムーブメントなどもあり、woman が［題名に］含まれたのも［読者の］興味を惹いた可能性はある」と振り返った。

おかっぱのおにぎり

題名と同様、表紙も様々な案が検討されていた。使えそうな画像を自らウェブで探しているうちに、ブラックストックは写真家の吉澤菜穂による一枚の写真に行き当たった。少女のおかっぱ頭を模したおにぎりを見て、その「少し風変わりで、かわいくて、同時に気味悪い」写真をぜひ使いたいと思った。

表紙に使われた写真のおにぎりは、透明フィルムに包まれ棚にずらりと並ぶコンビニのおにぎりからはほど遠い。しかし、コンビニに置かれているようなおにぎりであるか否かは「出版社にとってはさほど重要ではなかったのでは」と竹森は言う。海外でも人気の日本の「かわいい」文化を取り入れながらも、同時に「少女の頭が食べ物として差し出されている」という意味で「不気味さがある」表紙だという。「でも、個人的には、あのおにぎりが透明のフィルムに包まれて棚に並んでいたぐらいの方が断然不気味で良かったようにも思うけど（笑）」。

「珠玉の一冊。風変わり（quirky）で、とぼけていて、心に沁みて、さりげなく奥深い。世の中に違和感を抱いたことのある全ての人への贈りもの」。表紙の一番上には日系アメリカ人小説家ルース・オゼキのそんな賛辞が入れられた。自らのことを「ミックス

(mixed race)」の「イギリス英語の特権」を持つ「ニューヨークへのイギリス移民」と評するブラックストックは、「この世の中への違和感は誰もが一度は抱いたことのある感覚だ」と強調する。

タンザニアで生まれ、5歳の時に両親の故郷であるイギリスに「帰国」した訳者の竹森も、「母国」で常に「他所者（よそもの）」であると感じていた。だから、ちょうど良い距離感で「他所者」で居続けられる日本で暮らす方が圧倒的に楽。そして「全く風変わりではなく（略）社会に居場所を見つけようと一生懸命生きているとてもリアルな人物」である『コンビニ人間』の主人公に深く共感するという。

順調な滑り出し

2018年の夏にアメリカ版が刊行された時点で、『コンビニ人間』は日本で既に60万部以上売り上げていた。ブラックストックもさすがに日本ほどの数字は期待していなかった。グローヴ・アトランティック社の基本方針も、書店から想定される注文にできるだけ近い部数を刷り、必要に応じてタイムリーに、そして頻繁に増刷する、というものだった。

だが『コンビニ人間』の英訳はすぐに注目を集めた。刊行前日に掲載されたニューヨーク・タイムズ紙のプロフィール記事が話題になり、刊行直後から東はニューヨーカー誌から西はシアトル・タイムズ紙まで、全国の主要紙誌に好意的な書評が掲載された。日本国内同様、多くの評者は、既に小説を10冊以上出している著者が長年コンビニで働いていた事実に触れ、本の書影とともにコンビニの前や店内に立つ著者の写真を掲載する新聞や雑誌も目立った。

12月上旬には、ニューヨーカー誌が発表した2018年のベスト本9冊のうちの1冊（そして唯一の翻訳作品）にも選ばれた。（アクワエケ・エメジの*Freshwater*も選ばれたので、ブラックストックが出版した［英語圏］デビュー小説が2冊含まれたことになる）。メディアで取り上げられることが増えると売り上げも伸びはじめた。ハードカバーで6回、ペーパーバックで4回増刷し、2020年10月現在、アメリカで累計10万部売り上げている。

スーパー・エディター・イン・イングランド

『コンビニ人間』は大西洋の反対側でも有能な編集者に恵まれた。グローヴ経由でイギリスでの翻訳出版権を獲得したのはグランタ&ポートベロ・ブックスのアン・メドーズ。ユニヴァーシティ・カレッジ・ロンドンで英文学の修士号を取得し、文芸エージェントでのインターンシップなどを経て2010年にグランタ&ポートベロ・ブックスに入社したメドーズは、2019年エディトリアル・ディレクターに昇進した。現在はマーゴ・ジェファーソン（*Negroland*）、サンドラ・ニューマン（*The Heavens*）、多和田葉子（『雪の練習生』）をはじめ、多彩な作家の作品を「年8冊から10冊のペースで」刊行している。

オフィスの壁には「NEW. WOMEN. DIFFICULT」と書かれた紙が貼られている。同じ西ロンドンのオフィスを共有しているグランタ誌で編集者をしていたユカ・イガラシ（五十嵐由香）から引き継いだもので、ツイッターのトップバナーにもしている。

「あの紙はとても大切にしている……ユカと交わした会話を思い出します。何か違うもの、もしくは難しいことに取り組みたいと話していたこと……私が出版している作家は今も大半が女性［WOMEN］。そして、マリアーナ・エンリケスや多和田葉子や沙耶香さんなど、私にとって新しさ［NEW］を象徴する国際的な作家の作品を出版できていることも誇りに思っています。ひとつ変わったことがあれば、「難しさ」［DIFFICULTY］については以前ほど関心がないこと。いま求めているのは小さな爆発のように感じられる小説」。

そう言うメドーズが編集者になって初めて出した本は、日本の小説の英訳だった。同僚のイガラシの薦めで、アメリカのカウンターポイント・プレスから2012年春に出たばかりの川上弘美の『センセイの鞄』の英訳（*The Briefcase*、アリソン・マーキン・パウエル訳）を読み、ぜひイギリスで出版したいと考えたのだ。日本でベストセラーとなり、英語圏でもマン・アジア文学賞の最終候補に選ばれていた *The Briefcase* だが、当時アメリカでの売れ行きはゆるやかなものだった。それでもイギリスで刊行できるようメドーズは「何週間もかけて」同僚を説得した。そして、英題を *Strange Weather in Tokyo* に変え、表紙に（当時の上司の提案で）林ナツミの「本日の浮遊」シリーズの写真を使用し、2013年の夏に出版した。同作は、2014年の春に（現国際ブッカー賞の前身のひとつである）インデペンデント紙外国小説賞の最終候補に選ばれ、イギリスで（2020年10月現在）7万部近いロングセラーになっている。

グランタ・ブックスはその後も川上弘美の作品を刊行し続け、アリソン・マーキン・パウエル訳の3冊については、表紙に林ナツミの同じシリーズの写真を使うことによりデザインに統一感を出した。2017年には、カウンターポイントが『センセイの鞄』を*Strange Weather in Tokyo* の題と林ナツミの写真を用いた表紙で――つまりイギリスでの出版形式を逆輸入するかたちで――再度刊行すると、たちまち話題になり、部数も飛躍的に伸びた。

「普通の女性」というコンセプト

メドーズは*Convenience Store Woman* を出版する機会を一度見送っていた。グランタ誌で「グロテスクで、ユーモラスで、どこか優しさも感じられる」短編「清潔な結婚」を読み、村田作品をイギリスでぜひ刊行したいと考えていたメドーズは、エージェントから送

『コンビニ人間』イギリス版
（グランタ＆ポートベロ・ブックス刊）

られてきた竹森のサンプル訳を読み、原作が読める外部の読み手（リーダー）に「リーダーズ・レポート」（作品が出版に相応しいかどうかの評価）を依頼した。返ってきたのは「グランタで出版するにはシリアスさに欠ける」という評価だった。メドーズはオファーを出さないことにした。だが、その約9ヵ月後グローヴが刊行を予定していた完訳原稿を読み、「外部リーダーの判断は完全に間違っていた」と頭を抱え、オークションで何とかイギリスでの翻訳出版権を獲得することに成功した。

『コンビニ人間』で最も印象的だったのはその「ヴォイス」だという。「クールで、直接的でありながら、同時に繊細で不器用な声」は「今まで読んできたどんな小説とも違った」。「主人公の恵子に同情したし、彼女の反応や行動が些か極端な時も、それを理解できた。彼女は世界を新たな視点で見るすべをあたえてくれた」という。

主人公の物語を自らの境遇と重ねるイギリスの読者は他にも大勢いるはず。そう確信したメドーズは、「普通の女性（everywoman）」を出版とプロモーションの中心コンセプトに据えた。「社会の期待や常識についていけないと感じている読者の心をつかみたかった」という。

表紙選びも出版「キャンペーン」の重要な一部だった。メドーズと同僚たちは、イギリス版の装丁をフェーバー&フェーバー社のシニア・デザイナーを経て、フリーの装丁家として活動していたルーク・バードに依頼した。

バードに送られたデザイン・コンセプトには、「チャーミング」「風変わり（offbeat）」「現代日本」「型破りな（unconventional）女性」などのキーワードが含まれていた。「主人公の顔を値札シールで隠す」最初の案を放棄し、「何時間も日本のパッケージデザインを楽しく眺めた」のち、バードは主人公の写真付きの社員証を使う案を思いついた。トレード・ペーパーバック（大型のペーパーバック）として刊行されたイギリス版*Convenience Store Woman*の表紙は、２０１９年の英国装丁協会（The Academy of British Cover Design）のリテラリー・フィクション部門で最優秀賞を受賞した。

コンビニエンス・ストア・ウーマンを支える
ブック・ストア・ピープル

書店も*Convenience Store Woman*の成功に大きく貢献した。ロンドン中心部のチャリング・クロス・ロードにある旗艦店が有名な書店チェーンのフォイルズは、初期の段階から特に重要な役割を果たした。

メドーズと同僚たちは、フォイルズの書店員と協力して、早期の独占リリースを手配し、店舗に目立つウィンドー・ディスプレーを設置した。チャリング・クロス店だけで一日400冊売れはじめると、その情報を聞きつけた大手書店のウォーターストーンズからもディスプレーを設けてほしいとの要望が来た。年末には、フォイルズ社員の全社投票の結果、*Convenience Store Woman* が「フィクション・ブック・オブ・ザ・イヤー」に選ばれ、店内でのプロモーション活動がさらに強化された。

ブラックストックも、書店——特に独立系書店——はアメリカでも *Convenience Store Woman* の「重要なサポーター」だったという。「店員」を主人公とする作品は書店員の心にも訴えるものがあり、独立系書店のコミュニティであるインディー・バウンドが早い段階で *Convenience Store Woman* をその月のお薦め本「インディー・ネクスト」の一冊に指名したのも大きかったという。

メドーズは、当初1万5000部の売り上げを目指していた。トレード・ペーパーバックの売り上げは順調で、刊行から半年弱の2018年末には2万部を超えた。順調な滑り出しだったが、2019年5月マスマーケット・ペーパーバック版（小ぶりで安価なペーパーバック）が出るとさらに火がつき、2020年秋には15万部を突破した。「イギリスではフェミニズムのテキストとしても読まれているようだ」とメドーズはいう。

ヒットの後、2冊目に何を出すか

ブラックストックは、初めから村田沙耶香の作品を2冊目以降も出版するつもりでいた。英語で読める短編や作品概要などを全て読み、「非凡なアイディアの持ち主で、今後も興味深い作品を書き続ける才能を持つ書き手」だと感じていた。グローヴは、*Convenience Store Woman* が英米で出版された年の秋頃には村田の2冊目の翻訳出版権を取得し、グランタ・ブックスも2019年1月にイギリスでの出版権を得たと発表した。

英語圏での2冊目として短編集を編むという案も出ていた。だが、訳者の竹森とイングリッシュ・エージェンシーの服部は、『コンビニ人間』に続く本としては芥川賞受賞後第

1作の『地球星人』が最も相応しいとの意見だった。

竹森は、村田沙耶香の作品をほとんど全て読んでいた。村田の「綿密で驚くべき方向に連れて行ってくれる」短編小説や、『殺人出産』や『しろいろの街の、その骨の体温の』などの中長編にも惹かれていたが、『コンビニ人間』に続く作品は「とてもインパクトのある作品でなければ」と感じていた。

「新潮」の2018年5月号に掲載された『地球星人』を読んだ竹森は「脳みそが爆発したかと思った」という。そして、「奇妙さを極限まで押し広げることで、世界の新しい見方をさせてくれる作品で、広く共有する価値がある」と確信した。同時に、著者が意識的に「リアルなものを書こうと決めて」書いた『コンビニ人間』からは大きな「方向転換」になるため、「『コンビニ人間』のファン全員が好む作品ではないであろうことも分かっていた」という。そのためグローヴが「『地球星人』を2冊目として」選ぶなら、状況を充分理解した上でそうしてほしい」と思い、ブラックストックに「ネタバレを含めた非常に詳細なレポート」をメールした。

提案を受けたブラックストックは全く躊躇しなかったという。村田が秋に *Convenience*

Store Woman のプロモーションのためにアメリカを訪れた際に、日本で出たばかりだった『地球星人』を手渡されており、本の存在についても知っていた。また、より「奇妙な」短編を読んでいたので、「もっとダークで、凄絶で、衝撃的」であることは全く危惧していなかった。1冊目が「短いノヴェル」だったので、2冊目は「もう少し長くて、伝統的な小説［のフォーマット］に近い作品を持ってくるのも良いのではないか」と感じた。「短編小説の素晴らしさを考えれば2冊目に短編集を持ってくるのも充分可能だったと思う」としながらも、『地球星人』を2冊目に選んだことは「正しい選択だった」という。「読者もそう思ってくれると良いんだけど……『コンビニ人間Ⅱ』を期待している読者は少し驚くかもしれないけど……『コンビニ人間』の磨かれた表面下に潜む不気味さと闇の部分を理解した読者は絶対に気に入ってくれると思う！」。

ムーミンとゴジラ

竹森は、契約で定められていたとおり、刊行予定日の1年前にあたる2019年秋に

『地球星人』の英訳原稿（*Earthlings*）をブラックストックに送った。『コンビニ人間』の英訳で既に一緒に仕事をしたこともあり、（グランタのメドーズからのインプットも含む）編集作業はスムーズに運んだ。

竹森はイギリス出身だが、文学作品を翻訳する際は、できるだけ「イギリス英語でもアメリカ英語でもない一種の文学的な間大西洋英語（Literary Mid-Atlantic English）」を使うよう心掛けている。

例えば、『コンビニ人間』の本文では、「コンビニ店員」を意識的に convenience store worker と訳した。アメリカ英語の clerk とイギリス英語の shop assistant を避けるためだ。普段は、アメリカの出版社向けに翻訳する場合は、「アメリカ式の綴りや語彙」に寄せることが多いが、「気づかずイギリス英語のまま残してしまう言葉もある」という。『コンビニ人間』で「ポテトチップス」が chips ではなく crisps（イギリスで chips はポテトフライを指す）と訳されているのも、本人は意図的にそうしたのか覚えていないというが、その一例かもしれない。

『地球星人』の英訳では、英語圏の読者が躓（つまず）く可能性のある固有名詞が幾つか変更された。例えば、主人公の奈月の夫「智臣」の名前。Tomoomiという名前は英語圏の読者には発音しにくく、読者によってはトーベ・ヤンソンの人気作品「ムーミン（Moomin）」をイメージしてしまうかもしれない。そう説明すると、著者の村田は「Tomoyaに変更することを提案してくれた」という。著者の許可を得て、「ポハピピンポボピア星」(Pohapipinpobopia）も少し言いやすいPopinpobopiaに短縮された（これは読みにくいところにおもしろさがあるとも思えるが、ユーモアは翻訳で伝わりづらい要素のひとつだ）。また、奈月の母親のあだ名の「クラッシュボンバー笹本」は英語圏の読者にも身近な「ゴジラ（Godzilla)」に変更された。

ぬいぐるみの表紙

グローヴとグランタは、*Convenience Store Woman* の表紙ではそれぞれ独自のデザインにこだわった。だが、2冊目となる *Earthlings* の表紙では、英米で同じビジュアルを使うことになった。ハリネズミのぬいぐるみ（地球を救うためにポハピピンポボピア星から来

村田沙耶香『地球星人』の（右）アメリカ版（グローヴ・プレス刊）と、（左）イギリス版（グランタ＆ポートベロ・ブックス刊）。同じハリネズミのぬいぐるみのビジュアルを使っているが、イギリス版は表紙の文字（タイポグラフィー）が暗闇の中で光る

たという奈月の親友ピュート）を表紙の中心に据えたデザインを見て、ブラックストックはアメリカの読者にもふさわしく、「*Convenience Store Woman* の表紙に使われたおにぎりのイメージとうまくマッチする」と思ったという。

表紙に「ピュート」を使うのを提案したのは装丁家のバード。メドーズは、送られてきた6種類の表紙案を見て「これしかない」とすぐに決めた。「小説のダークな部分と同時に村田作品の登場人物たちが――どんなに社会と対立していても――保ち続ける純粋さも表したかった」という。

コロナ禍でオフィスが閉鎖される1週間前に、評者などに事前に配るための見本ARC（Advance Reading Copy）が無事グローヴに届いた。ブラックストックはARCを数箱分持ち帰り、イケアの青いバッグに入れて最寄りの郵便局まで運び、評者や（書店が閉店していたので）書店員の自宅に郵送した。印刷作業が中断する前にそのような準備をすることができたのは幸運だったという。多くの出版社がコロナ禍で電子版ARCしか配れないなか、印刷版が手元に届いて喜ぶ書店員も多かった。「村田沙耶香の新刊ということもあったけど、すぐに読んでくれたよ」。

コロナ禍は、他にもさまざまな変更をもたらした。2020年5月には、イギリスやアイルランドで、『夏物語』の英訳が出版予定の川上未映子などとのイベントが予定されていたが、3月中旬にイギリスでも一日の新型コロナウイルスの感染者数が急増し始めたのを受け（3月18日には999人）ノーフォーク&ノリッジ・フェスティバルはキャンセルされ、ダブリン国際文学フェスティバルは秋まで延期された。

メドーズも3月下旬に東京で文化庁主催のシンポジウムに参加する予定だったが、開催約2週間前に「新型コロナウイルスが国内において更に感染拡大する可能性があることに鑑み」中止された。

3章　新しい「日本文学」を編む編集者たち　2
日本語の原体験と編集の仕事

（2020年12月号）

コロナ禍の東京で

先の章でふれた2020年3月に開催予定だった東京でのシンポジウムには、英語圏からもう一人編集者が招かれていた。

ニューヨークに拠点を置く老舗のニュー・ディレクションズで、日本の作品も含め海外文学の編集を数多く手掛けているタイナン・コガネは、シンポジウムの中止が発表された後、新型コロナウイルスの感染者数がまだ少ないニューヨークから、「強情にも」日本行きの飛行機に乗り込んだ。「ガラガラの機内で本［サミュエル・ディレイニーの『ダールグレン』」を読んでいる最中も、何度も手に目が行き、席を立ち、手を洗い、ついには乾いた肌にひびが入り、指関節のあたりが出血し、飛行機を降りた頃には殴り合いでもしたかのような手になっていた」。

それから数週間で、ニューヨーク州の新型コロナウイルスの感染者数は急増し、4月上旬には一日あたり1万人を超えることになる。3月末にパリス・レビュー誌のウェブ版に寄稿したエッセーで、コガネは「もう帰国便を4回も変えた」と書いている。「幼児並みの言葉でしかコミュニケーションが取れない日本では、周りで本当は何が起きているのかが分からない。自分は危険にさらされているのだろうか。帰ったら何が待っているのだろうか」。

東京でも新型コロナウイルスの感染者数が増えはじめると、コガネは感染者数の少ない地域（でも急に飛行機に乗らなくてはならなくなったときのために東京に急いで戻れる程度の距離）に移り、２０２０年後半に出版予定の本の原稿を読んだり編集したりした。３週間の予定だった旅行は、いつの間にか結局2ヵ月の長期滞在になっていた。

日本での長期滞在は初めてではなかった。シアトルで（若い頃に来日して日本語を学んだ）アメリカ人の母親と（日本語を話さずに育った）日系アメリカ人の父親のもとに生まれ育ち、子どもの頃は夏を淡路島で過ごした。幼少期は「日本のあらゆるもの——音楽、テレビ番組、映画、食べ物——のとりこだった」という。近所に住んでいた日本人家族がくれた「ゲゲゲの鬼太郎」や「銀河鉄道999」などの日本のアニメのVHSテープをよく見た。「[言葉を]部分的にしか理解できないことが逆に幼い自分の想像力を刺激した側面もあるかもしれないが」映像を食い入るように見ていたのを記憶しているという。

独立系出版社ニュー・ディレクションズ

ニューヨークのニュー・スクール大学を卒業後、コガネはニュー・ディレクションズでインターンとして働き、「編集作業も同僚も出版社のすべてに魅せられた」。（水村美苗の『本格小説』と『母の遺産』をジュリエット・ウィンターズ・カーペンター訳で出している）アザー・プレス社で数年間働いた後、2013年に編集者としてニュー・ディレクションズに戻った。

１９３６年に当時ハーバード大学の学生だったジェームズ・ラフリンが、エズラ・パウンドの「何か有意義なことをしなさい」とのアドバイスを受けて設立し、現在は名編集者のバーバラ・エプラーが率いるニュー・ディレクションズは、実験的な小説と海外文学に力を入れていることで知られる。この傾向は、大学生時代にあえてニュー・ディレクションズのロゴの入った本ばかりを選んで読んでいたコガネの関心と重なっていた。

最近編集した本について尋ねると、「ロシア人作家のマリア・ステパノヴァによる集合的記憶に関する小説、ドイツ人作家のユーディット・シャランスキーによる、サッフォーの詩の断片、絵画、映画、島、カスピ虎など、かつて存在したが失われたり破壊されたりしたものに関する作品集、ビジュアル・アーティスト兼写真家のモイラ・デイビーによるアートと本と生活の関係についてのエッセー集」などを挙げる。今年の全米図書賞の翻訳文学部門のロングリストには、担当した本からアダニア・シブリの『マイナー・ディテール』（エリザベス・ジャケットのアラビア語からの翻訳）とフェルナンダ・メルチョルの『ハリケーンの季節』（ソフィー・ヒューズのスペイン語からの翻訳）の２冊が選ばれた。

前者は柳美里の『ＪＲ上野駅公園口』（*Tokyo Ueno Station*、モーガン・ジャイルズ訳）など共に最終候補にも選出されている。

出版社にぴったりの作風

ニュー・ディレクションズは、1950年代にはクノップ社が出版を断った三島由紀夫の『仮面の告白』（*Confessions of a Mask*、メレディス・ウェザビー訳）を出し、90年代には津島佑子の短編集を独自に編むなど（*The Shooting Gallery*、ジェラルディン・ハーコート訳）、日本文学の英訳も刊行してきた。2018年4月にアメリカで出版された多和田葉子の *The Emissary*（『献灯使』のマーガレット・満谷訳）は、その年に新設された全米図書賞の翻訳文学部門を受賞した。

新しい日本の書き手をニュー・ディレクションズのリストに加えたい。以前からコガネはそう考えていた。そこに文芸誌「モンキービジネス」の英語版（柴田元幸、テッド・グーセンの共同責任編集）で小山田浩子の短編「動物園の迷子」を翻訳していたデビッド・ボイドから、小山田の「工場」のシノプシスとサンプル翻訳が送られてきた。コガネは、以前グランタ誌の日本特集で小山田の短編小説「彼岸花」（“Spider Lilies”、ジュリエット・ウィンターズ・カーペンター訳）を読み、その作品世界に惹かれていた。「動物園の迷子」と「工場」の翻訳サンプルを読み、ニュー・ディレクションズにぴったりの作風だと感じた。

「そこにはあらゆる革新的な芸術表現が見受けられました……小山田さんの作品は、私が尊敬する多くの作家と対話しているかのようでした。私は現代日本文学の専門家ではないですし、翻訳されたものしか読めません。でも小山田さんの作品を少し読んだだけで、他の［日本の］書き手たちとは違うことをやろうとしていることが伝わってきました」。

デビュー作か芥川賞受賞作か

小山田浩子の作品を英語圏の読者に［単行本というかたちで］初めて紹介するのにはどの作品がベストか。関係者間で議論が交わされた。当時、日本で小山田浩子の単行本は2冊刊行されていた。一冊は、デビュー中編「工場」と短編2編から構成される単行本『工場』。もう一冊は、芥川賞受賞作の「穴」と短編2編からなる『穴』。コガネは、訳者のボイド、上司のエプラー、そして新潮社の編集者の佐々木一彦に相談し、(出版社が最初から2冊の刊行にコミットするいわゆるツー・ブック・ディールで) 2作の版権を取得することを決めた。

芥川賞受賞作の「穴」を1冊目に持ってくることも検討された。原文を読めない編集者にとっては――英語圏のメディアでしばしば「日本で最も名誉ある文学賞」と紹介されてきた――芥川賞の受賞作というのも貴重な参考情報となる。だが、ニュー・ディレクションズは最終的には新潮新人賞を受賞したデビュー作の「工場」を最初に出版することに決めた。

コガネは初めから「作品」ではなく「作家=作品群」をニュー・ディレクションズのリストに加えたいことを明確にしていた。ボイドは、今後長期的に小山田浩子の作品を英語圏に紹介していく上では、少なくとも最初は日本と同じ出版順序を維持することにも意味があるとの意見だった。

あえてスリムなペーパーバックで出版

グローヴのブラックストックが *Convenience Store Woman* で迷ったように、ニュー・ディレクションズのコガネも中編小説「工場」を単独で出版するか、日本語の原著に収められた短編2作と一緒に出すかを決めなければならなかった。

そして最終的には表題作の「工場」を単独で刊行することに決めた。ブラックストックが小さめの判型を選び、レイアウトにも余裕を持たせ、ハードカバーとして出すなどして *Convenience Store Woman* に厚みを持たせたのに対して、コガネは『工場』(*The Factory*)をあえてスリムな116ページのペーパーバック・オリジナルとして出版した。

コガネは本の「薄さ」は全く懸念していなかったという。ニュー・ディレクションズは、もともとセサル・アイラの *The Literary Conference*(柳原孝敦による邦訳は『文学会議』)、ロベルト・ボラーニョの *Antwerp*、多和田葉子の *The Bridegroom Was a Dog*(マーガレット・満谷による『犬婿入り』の英訳)など「偉大な作家による短い傑作」を集めた「パール・シリーズ」を出していた。そして前年に刊行した多和田葉子の *The Emissary* の売れ行きも全米図書賞受賞前から順調だった。

単一的な声のポリフォニー

The Factory は、刊行直後から——主要紙誌から人気ブログまで——広く取り上げられた。評者の多くは、とくにその実験的な文体や構成に着目した。「工場」では、3人の主要人物の視点が入れ替わりながら場面が進む。この語り手の声が重なる現象は英訳でさらに強まる。なぜなら原文では（「私」「僕」「俺」と）語り手の一人称代名詞が区別されているが、英文ではそれがすべて「I」に集約されてしまうからだ。

これを補うため、原作では1行だけ空けて語り手が変わるところを、コガネは語り手が変わる部分で余白を大きく取ることを提案した。「工場」のボイド訳を6回——通常の編集作業より2回多い——読んだ後も、誰が語り手なのか一瞬混乱する箇所があったので、編集者としてはさらに視点人物の差を明確にしたかった。「読者を代表する立場の編集者として、必要以上に読み手を混乱させたくないという気持ちがあった」という。

一方で、ボイドは3人の語り手たちの声は「代替可能」であるべきで、読者が「少しぐらい迷う余地を残して訳す必要がある」と感じていた。ブルックリン・レール誌に寄せた文章でボイドは「「工場」を訳すのは自制心を要した。空白を埋める誘惑に抵抗し、物事を明確にしすぎないことが重要だった。「工場」を読むことも［作品テーマとも通じる］「労働」を要する。それがこの中編の魅力のひとつである」とも書いている。2人は編集作業を重ねるなかで、最終的には「決して同じではないものの、とても似通った、［ときには］区別のつかない声のポリフォニーを経験できる」訳文を作り上げた。

なかには作品の実験性について行けない評者もいた。書評家のジュリアン・ルーカスは、ハーパーズ誌に寄せた評で「登場人物たちは、意図的な可能性もあるが、残念ながら似通っている」と記した。

だが、刊行直後に出た10以上の評のほとんどが、作品が奏でる独特の音楽を楽しんでいるようだった。ロンドン・マガジンに評を寄せたメーガン・エヴァーシェッドは「第2章をかなり読み進むまで違う登場人物がしゃべっていることに気がつかず、第3章でも同じ経験をした」と書きながらも「小山田は冒頭で語り手の声を統一し、少なくとも初めは登場人物を劇的に似せることにより（略）単純労働の感覚を再現している」とその手法を評価した。ニューヨーク・タイムズ紙所属の書評家パルル・セガールも「3人［の視点人物］の声やスタンスは全く同じだ。困惑していて、受け身で、憂鬱だ。突然の代名詞の変更や他の小さなディテールだけが視点が変わったことを教えてくれる」とした上で「彼女［小山田］はジャンプカットを好んで使い、ひとつの場面が改行なしに溶けて次の場面に流れこむ。心地よい目まいに襲われる」とその効果を絶賛した。

「姑」の訳はTomikoに

2020年、新型コロナウイルスの広がりを受け、対面式の文芸イベントは基本的に自粛されている。だがそれ以前は、オーサー・ツアーも著者、訳者、編集者が交友を深められる貴重な機会だった。*The Factory* の刊行から数週間後の2019年11月下旬には、国際交流基金の招待で小山田浩子の米国東海岸ツアーが組まれた。ボストンとニューヨークの大学や書店でイベントが催され、ニューヨークで小山田、ボイド、コガネの3人は、ニュー・ディレクションズのオフィスでベランダの植物を観察し、ニューヨーク公共図書館をまわり、グランド・セントラル駅のオイスターバーで夕食を楽しんだ。

ちょうど『穴』の英訳を進めていたボイドは、今がチャンスと小山田にいくつか質問をした。たとえば、日本語の原著では、重要な登場人物の一人である主人公の義母が、全体を通して「姑」と呼ばれている。これは日本語では全く違和感がないが、主語を簡単に省けない英語ではmother-in-lawを繰り返すことになり、いささか不自然な――例えば主人公が意地でも義母の名前を口にしないようにしているかのような――印象を与えてしまう。ボイドはそう説明し、英語版で義母に名前を付けても良いか小山田に尋ねた。「姑」にかけて「トミ（Tomi）」が良いのではと案を出すと、「名前を付けることに同意してくれた小山田さんは、義母の世代を考えると「子」をつけて「Tomiko」にするのが良いのではとも提案してくれた」という。

ボイドもコガネも英語圏でタイムリーに小山田作品を出して行きたいと考えていた。米国ツアー中に、英訳3冊目以降の計画についても話し合われた。『工場』と『穴』に収録されている短編4編のうち関連性の高い3編（「ディスカス忌」「いたちなく」「ゆきの宿」）を英語で一冊の本（ノヴェラ）として刊行する案が上がった。「［これらの3作品を］英語圏の読者に一冊の本として読んでもらうのは喜ばしいことだと小山田さんが言ってくれたのはとてももうれしかった」とボイドはいう。「タイナンも同じ気持ちだったと思う。小山田さんの作品を新たなかたちで読者に届けることができるので」。

日本的ではない表紙

ボイドが『穴』の英訳の第1稿をコガネに送ったのは2020年1月。その数ヵ月後には、コロナ禍にもかかわらず、事前見本（ARC）が準備された。編集にかけた期間は、*The Factory* の時とほとんど変わらなかったが、作業自体はだいぶスムーズに進んだという。「*The Factory* では、やらなくてはならないことがいっぱいあった。［作品の］実験性がより高く、［1冊目なので］小山田さんの［英語での］ヴォイスを定める必要もあった。その作業はやってあったので、*The Hole* の作業をはじめる段階で既に基盤ができていま

小山田浩子『穴』アメリカ版
（ニュー・ディレクションズ刊）

した」。

表紙のデザインもさまざまな案が検討された。空から落下しつつある人物の写真を使った表紙も検討されたが、小山田やボイドとの話し合いの結果、最終的には芝のアップの写真を使用した案が使われた。穴をあからさまに描かないこの表紙には、大きなゴミ箱から煙が渦巻いているイメージが特徴的だった *The Factory* の表紙と同様に「読者の想像力を刺激する効果がある」とボイドはいう。「芝［の写真］と The Hole という言葉が並置されることにより、その下に潜む空虚へと想像が促される」。

また、この表紙には日本の気配は一切ない。コガネとニュー・ディレクションズの同僚は意識的に「日本的なものを避けた」という。「私たちは世界中からの文学作品を出版し、世界文学の枠組みの中で独自のビジュアルを打ち出しています。それはアート・ディレクターのエリック・リーゼルバッハの功績によるところが大きいのですが。できるだけ異国情緒やクリシェなイメージは避けようと意識しています。文化的ステレオタイプに還元するような表紙は作品を幼稚化してしまうことを重々承知しているので」。

失われた母語（？）を求めて

コガネが *The Hole* の編集やプロモーションの準備で忙しくしていた頃、同じニューヨークで小山田浩子作品のもう一人のファンが、10月の刊行に向けて日本の作家による別の作品の編集で忙しくしていた。

ソフト・スカル・プレスの編集長であるユカ・イガラシは、松田青子の米国デビュー作の出版の準備をしていた。70年代にアメリカに移住した日本人の両親のもとに生まれたイガラシは、子供の頃は家で日本語を使っていた。土曜日には日本語学校に通い、2年に一度は夏を日本の祖父母の家で過ごした。だが、12歳の時に母に今後は英語で話しかけてほしいと言われ、家で日本語を使うのをやめた。家族がニューヨークの街中から郊外のウェストチェスターに引っ越すと、日本語学校に通うのもやめた。マンハッタンの日本語学校と違い、ウェストチェスターの補習校のクラスメートは親の転勤で日本から来てそう長くない学生ばかり。イガラシは、その新たな環境に馴染むことができなかった。日本語を封印し、日本文化とも距離を置いた。

中高時代に触れた唯一の日本文化は村上春樹の小説。母親が原作を読んでいるのを目にして、高校生の時に英訳本を買って読んだ。「ムラカミは父親のような存在です。原点のようなものであると同時に、口論したり、無理な要求をしたり、成長して乗り越えようとする存在という意味で」。

イガラシは、大学では英文学を専攻し、日本の文学や文化とは関係のない仕事に就いた。「長い間、日本の文学や文化を学んだり、仕事にしたりできるとは想像もしていませんでした。その権利がないと感じていた面もあるかもしれません」。コロンビア大学で文芸創作の修士課程（MFA in Fiction）を修了し、ロンドンで文芸誌のグランタで働き始めてからも、基本的には英米やヨーロッパ文学の編集に携わった。アシスタント時代は、カレン・ラッセル、オルガ・トカルチュク、アリス・マンローなどの作品の編集を手伝い、編集者に昇進してからは、カルメン・マリア・マチャド、ミランダ・ジュライ、ルイーズ・アードリックなどの作家と仕事をした。

イガラシがグランタで編集した最初の日本の作品は、川上弘美の「神様２０１１」。「群

郵便はがき

料金受取人払郵便

小石川局承認

1042

差出有効期間
令和4年3月
31日まで

112-8731

〈受取人〉
東京都文京区
音羽二―一二―二一

㈱講談社
文芸第一出版部 行

ご購読ありがとうございます。今後の出版企画の参考にさせていただくため、アンケートにご協力いただければ幸いです。

お名前

ご住所

電話番号

このアンケートのお答えを、小社の広告などに用いさせていただく場合がありますが、よろしいでしょうか？　いずれかに○をおつけください。

【 YES　NO　匿名ならYES 】

＊ご記入いただいた個人情報は、上記の目的以外には使用いたしません。

TY 000072-2003

書名

Q1. この本が刊行されたことをなにで知りましたか。できるだけ具体的にお書きください。

Q2. どこで購入されましたか。

1. 書店(具体的に：　　　　　　　　　　　　　　　　　)

2. ネット書店(具体的に：　　　　　　　　　　　　　　)

Q3. 購入された動機を教えてください。

1. 好きな著者だった　2. 気になるタイトルだった　3. 好きな装丁だった

4. 気になるテーマだった　5. 売れてそうだった・話題になっていた

6. SNSやwebで知って面白そうだった　7. その他(　　　　　　　　　　)

Q4. 好きな作家、好きな作品を教えてください。

Q5. 好きなテレビ、ラジオ番組、サイトを教えてください。

■この本のご感想、著者へのメッセージなどをご自由にお書きください。

ご職業　　性別　　年齢

男・女　　10代・20代・30代・40代・50代・60代・70代・80代～

像」の２０１１年６月号に掲載された短編小説が“God Bless You, 2011”の英題で（柴田元幸とテッド・グーセン訳）、同年10月にグランタのウェブサイトに掲載された。その短い作品に深く惹かれたイガラシは、すぐに英訳が刊行されていた川上弘美の長編も読み、友人で同僚のアン・メドーズに『センセイの鞄』を薦めた。

その２年後、イガラシはグランタの「日本特集」の（英語版の）編集責任者をまかされた。２０１４年春に英語と日本語で同時刊行されたこの特集は、小山田浩子、村田沙耶香、川上弘美を含む８名の日本語作家、そしてルース・オゼキ、デイヴィッド・ミッチェル、デイヴィッド・ピースなど、日本について英語やスペイン語で書いている９名の作家による作品を集めた特集となった。

「日本特集」を編集することによりイガラシは「日本で、特に遊び心と大胆さを持って書いている新世代の女性作家の作品について学ぶことができた」という。「まだ英訳されていない作家も多かったので、それもエキサイティングでした。また、現代日本文学の新進気鋭の訳者とも出会うことができ、一緒に仕事を続けていきたいと強く思いました」。

1冊目の出し方は考え抜いて

イガラシはグランタを辞めた後も日本文学の翻訳出版に関わり続けた。２０１５年にニューヨークに戻り、出版社カタプルトのウェブサイトの編集責任者になった。短編やエッセーを掲載するサイトで、山崎ナオコーラ「嘘系図」（"A False Genealogy"、ポリー・バートン訳）や本谷有希子「タイフーン」（"The Reason I Carry Biscuits to Offer to Young Boy"、米田雅早訳）などを紹介した。個人的に日本の作品を英訳で紹介するウェブマガジン *Fifty Storms* を（翻訳家の米田雅早と写真家の宇山涼子と共に）始めたのもこの頃だった。最近はあまり更新されていないが、松田青子、西加奈子、小山田浩子、山崎ナオコーラの短い作品が掲載されている。

イガラシは、カタプルト・ブック・グループ内でソフト・スカル・プレスの編集長に就任すると、今度は日本文学を書籍として出し始めた。ソフト・スカル・プレスは２０００年代半ばに（カタプルトに買収される前に）、赤坂真理の『ヴァイブレータ』（*Vibrator*、マイケル・エメリック訳）を出していたが、その後は日本の作品は出していなかった。イガラシは、既にグランタやカタプルトで短編を掲載していた本谷有希子の本を出したいと思い、翻訳家の米田に相談した。

データ主義が進む英米の出版界では、デビュー作が売れないと（社内で企画が通りにくくなり、通っても書店に注文してもらいにくくなるので）2作目を出すのが難しくなる。ブラックストックが村田沙耶香の『コンビニ人間』で、コガネが小山田浩子の『工場』でそうしたように、イガラシも本谷有希子の英語圏第1冊をどのようなかたちで出すか慎重に考える必要があった。

はじめは、大江賞受賞作の短編集『嵐のピクニック』の英訳を出す方向で関係者に相談した。この作品集については、グランタ時代に講談社が準備した翻訳サンプルを読み、グランタとカタプルト時代に収録作品2編（「いかにして私がピクニックシートを見るたび、くすりとしてしまうようになったか」「タイフーン」）を米田雅早訳で掲載していた。

だが、イガラシがソフト・スカルの編集長に就く前年の2016年、新たな作品集『異類婚姻譚』が日本で刊行された。そのなかには、イガラシがグランタの「日本特集」で編集した短編「〈犬たち〉」も含まれていた。また、芥川賞を受賞した表題作にも惹かれた。「結婚生活や他の恋愛関係のなかで徐々に失われていく自己や主体性というコンセプトはシンプルなものかもしれないけど、その感じをここまで完璧に捉えた作品は読んだことがなかった」という。

イガラシは、「[中編＝ノヴェラである]「異類婚姻譚」一編を一冊の本として出すことも充分可能だと思った」が、最終的には2つの作品集合わせて17編あるなかから11編を選び、作品集として刊行することにした。それが英語圏の読者に「最も強い第一印象を与える」最良の方法だと考えたからだ。作品集の題名は、収録短編の「哀しみのウェイトトレーニー」の英題 *The Lonesome Bodybuilder* にした（同作品集が数年後にイギリスで刊行された際には題名は *Picnic in the Storm* に改題された）。

イガラシ（と米田）が選んだ、中編を作品集に組み込む方法は、英語圏では少し珍しい。だがイガラシがあえてそのようなかたちを選んだのも不思議ではないかもしれない。グランタやカタプルトで主に短編を掲載する雑誌を編み、『ペン・アメリカ・ベスト・デビュー短編集』も編集してきたイガラシは「短編小説と作品集に特別関心があり、それら

本谷有希子の作品集*The Lonesome Bodybuilder*の（右）アメリカ版（ソフト・スカル・プレス刊）と、（左）イギリス版（*Picnic in the Storm*と改題、コルセール刊）

を読んだり、編集したり、出版したりするのが大好き」だという。ソフト・スカルでの仕事も「時間をかけて巨大な雑誌かアンソロジーを編んでいくようなもの。［短編集で］短編小説を会話させるように、［出版社では］それぞれの本を会話させているイメージに近い」。

『おばちゃんたちのいるところ』の刊行まで

２０１４年春にグランタの日本特集が出版された際、企画の一環として、グランタのウェブ版にも、平野啓一郎「消えた蜜蜂」（"The Bees that Disappeared"、ポール・ウォーハム訳）、小野正嗣「悪の花」（"Bad Seeds"、デビッド・ボイド訳）、松田青子「みがきをかける」（"Smartening Up"、ポリー・バートン訳）などの作品が掲載された。「早稲田文学」２０１５年夏号に「みがきをかける」の原作が掲載されたのち、松田青子は同じシリーズの短編を「アンデル――小さな文芸誌」で連載し、最終的に連作短編集『おばちゃんたちのいるところ』としてまとめた。

その『おばちゃんたちのいるところ』の英訳（*Where the Wild Ladies Are*、ポリー・バートン訳）は、まずイギリスで、2020年2月にティルティッド・アクシス・プレスから出版された。アジアの文学を専門とするこの出版社の社主のデボラ・スミスは、『菜食主義者』の英訳（*The Vegetarian*）で著者のハン・ガンとともにマン・ブッカー国際賞を受賞している翻訳家でもある。

スミスは、イギリスのフェスティバル「ジャパン・ナウ」の主催者に、松田が出るパネルの司会を頼まれ、その準備のために「みがきをかける」とイースト・アングリア大学の「ストレンジャーズ・プレス」から小冊子のかたちで出版されていた「もうすぐ結婚する女」（"The Girl Who Is Getting Married"、アンガス・ターヴィル訳）を読んだ。その半年後、ナショナル・センター・フォア・ライティングの招きでノリッジに滞在していた松田と訳者のバートンを当時事務所があったシェフィールドに招き、韓国の小説家ハン・ユジュなどとのトークイベントを催した。イベント終了後、スミスは二人に出版できる作品はないか相談し、その翌年には『おばちゃんたちのいるところ』の刊行が決まった。

イギリス英語からアメリカ英語へ

ティルティッド・アクシス・プレスから刊行された *Where the Wild Ladies Are* を読んだイガラシは、ぜひアメリカでも出版したいと思った。作品集に出てくる民話は子供の頃よく聞かされたが「この本の大きな魅力のひとつは、不当な扱いを受け復讐心を燃やす女性の悲劇が、大変な思いをしながらも、親切で、ユーモアがあって、独創的で、賢明である霊たちの驚きに満ちた物語として新たに創造されているところ」だという。

イガラシはアメリカ育ちだが、イギリスの文芸誌で編集者としてのキャリアをスタートし、アメリカやイギリスから日本まで、出身地がさまざまな訳者と仕事をしてきた。『おばちゃんたちのいるところ』は、イギリス人のバートンにより翻訳され、イギリスで最初に出版された。そのため、アメリカでの出版に向けて、「フォーマット、スペル、単語などをアメリカ英語に直すのが編集作業の大部分を占めた」という。

例えば、会話文をくくるのは「‘ ’」ではなく「“ ”」、「色」は、colour ではなく color、

「アパート」は flat ではなく apartment に替えるなど。バートンは、商業翻訳者としてはしばしばアメリカ英語に訳すことを頼まれたりするが、文芸翻訳では「間大西洋英語は避け、自分の英語に翻訳する」という。とくに会話が非常に重要である『おばちゃんたちのいるところ』のような作品では「自分の語法を使えなかったら、良い翻訳はできなかった」と確信している。同時に、この本がイギリスで出たとき、ある評者に訳文が「衝撃的なほどイギリス的」だと書かれたのを覚えていると笑う。

Books & Bao のサイトに掲載された書評を読んでみると、「登場人物は［apartment を vacuum するのではなく］flat を hoover し、［sneakers ではなく］plimsoles を履き、bloody あれ bloody これと繰り返す。これらのイギリス英語に最初は驚かされるが、（略）イギリス人としては目にするたびに微笑んでしまった」とバートンの翻訳に極めて好意的だ。

イガラシは、編集のプロセスでは、「読者を物語の呪文から目覚めさせない」ことを意識した。読者が「単語の意味が分からず読むことを一瞬中断したり、訳者の存在を目障りに感じるのを避けたかった」という。バートンの訳文を編集する際には、イガラシはアメリカ英語への変更を提案することもあれば、イギリス人以外にも伝わりそうであれば、イギリスの表現やイントネーションを敢えて残すこともあったという。「たとえば、posh は残しましたが、barmy は nuts に替えました」。バートンが記憶しているのは短編「クズハの一生」(“A Fox's Life”)からの一節。登山への情熱を育む主人公が「山、最高!」と頭の中で叫ぶ場面。バートンはこれを「I bloody love the mountains!」と訳していたが、「bloody は絶対残すべき!」と二人の意見は完全に一致したという。

表紙のデザインが決まるまで

イガラシは、表紙のデザインを「出版社がくだす最も重要な決定のひとつ」だと言う。そのデザインが決まるまで、幾つもの案が検討された。

イガラシが編集長に就任して以来、ソフト・スカルの表紙はすべて、グランタのアート・ディレクターを務めていたこともあるマイケル・サルーが手がけているが、デザインの過程にはなるべく著者や訳者にも参加してもらうという。事前にアイディアを出してもらうときもあれば、選択肢を見せたり、フィードバックを求めたりすることもある。「チャレンジングなのは、ひとつのビジュアルに対する反応が人それぞれのバックグラウンドによって大きく異なること。特に翻訳作品では、著者、訳者、デザイナー、編集者、そして［マーケティング、広報、営業などの］出版チームのメンバーが、それぞれの個人的体験や文化的文脈を通してひとつの表紙に対して反応します。なので、それらの様々な背景や視点に配慮しながら、魅力的でインパクトのある表紙をつくる必要があります」。

サルーが最初に提案した表紙案には、日本のイラストレーターの作品を活用したものも含まれており、ビジュアル的に魅力的なものも少なくなかった。「女性や霊は何世紀にもわたり様々なかたちで描かれてきました。アーティストの多くは、その伝統と様々な興味深いかたちで対話しながら仕事しているように思えました。でも最終的には、*Where the Wild Ladies Are* の独特な登場人物や世界観にピッタリ合うか疑問に感じました。また、この伝統は、ときには意図的な女性蔑視や［性的］物象化を含む可能性があり、これらのビジュアルの意図を解釈する知識が自分にはないと判断しました」。

Where the Wild Ladies Are の表紙案には、ガマガエルの絵が使われているものが一枚含

まれていた。

短編「休戦日」(“A Day Off”)には、女性の主人公や他の女性をセクハラから守る「ガムちゃん」というガマガエルらしき怪物が出てくる。

「本全体をガム［ちゃん］、つまり性差別との闘いをサポートしてくれる仲間だと考え始めました。最初の案にはたくさんのガマガエルが描かれていて、ソフト・スカルのチームの他のメンバーからあまり魅力的ではないとの声が上がりました……なのでガマガエルを1匹だけ載せた案をいくつかデザイナーに出してもらいました」。

イガラシは青い背景にネオングリーンの蛙が大きめに描かれた案に惹かれた。「でもアオコが的確に指摘してくれたように、カエルと本の内容との関係がそもそも希薄だったので、その案ではカエルが目立ちすぎの感がありました」。

著者の松田は、初めに表紙の大きなカエルを見て少し戸惑ったものの、「この本自体がガムちゃんみたいなものだ」との説明に納得させられたという。特に「日本の作家の作品はこれまでほとんどかならずアジア人女性の顔や体の一部が［表紙に］使われてきたのでそれを避けたい」との一言に感銘を受けた。同時に、読んだ人にしかカエルの意味はわか

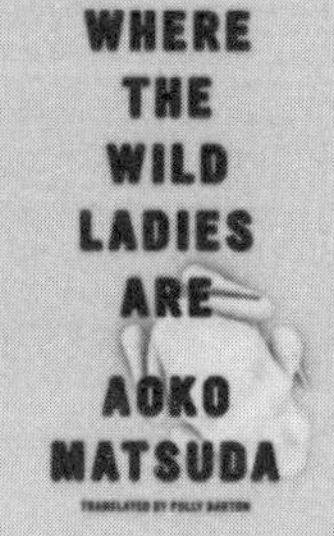

松田青子『おばちゃんたちのいるところ』アメリカ版の表紙案の一部。ソフト・スカル・プレスのInstagramにはさらに多くの案が刊行後アップされた。著者の松田が候補として見せられたのは、下の3案。「今すべての案を見ても、やはり採用された案（右下）がいちばんよかった」と感じているという

らないので、表紙としては意図が伝わりにくいようにも思えた。

そこでイガラシは、表紙にカエルを目立たないかたちで1匹だけ載せることにした。

「ほとんどタイポグラフィーだけの表紙にして、文字に小さなカエルがしがみついている感じにしました。表紙を見た読者は、最初はカエルを見て何も思わないかもしれません。小説との関係についても気づかないかもしれない。でも、あとで気づいてくれると思いたい。表紙に小さなウインクを載せている感じです」。

刊行前にはすでに書評やお薦めリストが

通常、夏は英語圏の出版社にとっては比較的静かな時期。でも2020年は春に予定されていた多くの本の刊行日が秋に延期されたため、出版社も直前の準備で大忙しだった。10月に刊行予定の*Earthlings*、*The Hole* と *Where the Wild Ladies Are* の編集者とその同僚たちも例外ではなかった。出版社のオフィスはまだ閉鎖していたので、それぞれ、ニューヨーク、ロンドン、マノアの自宅や貸家で作業を続けた。

まず、夏に刊行前（プレパブ）の書評が、カーカス誌、パブリッシャーズ・ウィークリー誌、ブックリスト誌、ライブラリー・ジャーナル誌などの業界誌に掲載され始めた。

主に業界関係者を対象としたこれらの短い（そしてカーカス誌とパブリッシャーズ・ウィークリー誌の場合は匿名の）書評は、図書館司書や書店員が注文する際の参考にし、出版社が業界向け以外の一般メディアに本を売り込むのにも使われる。「一貫して意地が悪い」ので知られるカーカス誌の匿名の書評は厳しめで、例えば*Earthlings*については「やりすぎであると同時にものたりない」と評した。一方、パブリッシャーズ・ウィークリー誌は*Earthlings*と*The Hole*の2冊に、ブックリスト誌は*Where the Wild Ladies Are*にお薦めを意味する星付きの評（starred review）で取り上げた。

また、3冊ともニューヨーク・タイムズ、文芸サイトのリテラリー・ハブ、バズフィード・ニュースをはじめとしたさまざまなメディアの「お薦めリスト」にもピックアップされた。*Earthlings*は、エレナ・フェッランテの新作*The Lying Life of Adults*（アン・ゴールドスタイン訳）、ブライアン・ワシントン*Memorial*そしてルマーン・アラムの*Leave the World Behind*に並び、各社のお薦めリストに最も頻繁に挙げられた小説のひとつ。日本からの作品が2冊同時に掲載されることもあり、例えば、*Earthlings* と *Where the Wild Ladies Are* がヴァルチャー誌の「今秋最も楽しみにしている19冊」に選ばれた。9月上旬には *Earthlings* と *The Hole* がどちらもタイム誌の「2020年秋最も期待される42冊」に入り、その1ヵ月後には *Where the Wild Ladies Are* が同誌の「10月に読むべき9冊」に選ばれた。3冊すべてが選ばれたリストは、日本関連のもの以外では、主にSFやファンタジーを扱うTOR.comの「10月刊行のホラーとジャンルを超える（genre-bending）本」というのも興味深い。

書評は「非常に重要」

より本格的な書評は秋に入ってから出始めた。*Where the Wild Ladies Are* の評は、2020年2月にイギリスで出版された直後にガーディアン紙に掲載されていた。ロンドンを拠点とする作家でヴァイオリニストのクレア・コウダ・ヘーゼルトンは、「驚異的」な作品集だとし、作中の幽霊は「[八百屋お七や皿屋敷などの] 原典の極悪非道で復讐心に満ちた霊ではない。彼らは、女性に対する抑圧からようやく解放された、行為主体性と個性を持った普通の人たちだ」と強調した。アメリカ版が出版される前月の9月下旬には、アジア・レビュー・オブ・ブックス誌が「松田は日本の大衆文化で重要な物語を根本から問い直す。女性はもはや犠牲者や〔性的物象化の〕対象ではなく、これらの物語の主人公だ」とする評を掲載した。また、10月20日の刊行直後には、その週に出た書評を集計するブック・マークスの「ベスト・レビュード・ブックス」で、*Where the Wild Ladies Are*が第1位に輝いた。

イガラシは、部数にどの程度影響するかは明らかではないとしながらも書評を「非常に重要視している」という。「正直、大きめの書評が出るよう多大なエネルギーと時間を費やしています。〔書評が〕約束されてからも、実際掲載されるかどうか、また相性の良い評者が充てられて有益で正確な好意的な評になるだろうか、それとも怠慢で批判的な評になるのだろうかと心配して過ごします。簡単に言うと、書評をあまりにも個人的に受け取ってしまう」。

コガネも書評は「文学作品にとっては非常に重要だ」と実感している。「内容とは必ずしも関係なく、書評は出ることにより、読者層を確実に広げてくれる」のだと。

9月下旬には、ジャパン・タイムズのイアン・マロニーが*The Hole*を「日本社会が女性に課す圧力や義務に関するこの上ない簡潔で感動的で静かな怒りに満ちた考察だ」と絶賛し、10月6日の刊行日には、臨時雇用の職を転々とする女性を主人公とした小説*Temporary*で同年デビューしたヒラリー・ライヒターが、安部公房の『砂の女』を引き合いに出しながら*The Hole*を「シュールで魅惑的だ」とする評をニューヨーク・タイムズに寄せた。「ヒラリー・ライヒターによるニューヨーク・タイムズの評は素晴らしかった」とコガネは言う。「ふたりは志を同じくする作家だと思う。そこには暗黙の相互理解がある」。

9月下旬に電話会議システムで話をしたとき、ブラックストックは、ちょうどフィナンシャル・タイムズ紙に*Earthlings*の良い書評が出たばかりだと教えてくれた。評者のマリア・クロフォードは、訳者の竹森が読者の間で意見が分かれるのではないかと心配していた本のラストについて「衝撃的で、とても笑えて、非常にダークで面白い」とし、「村田は、不条理なファンタジーと純然たるリアリズムの忘れがたく独特なハイブリッドを作り上げた」と評した。その後も、ブラックストックの予想通り、主要メディアに好意的な評が掲載された。エコノミスト誌の匿名の評者は、「彼女［村田］は、社会の底辺にいる人々が受ける扱いが一種の暴力であり、彼らと世界とのつながりを取り返しのつかないほど損なわせてしまうことを示している」と記した。

一方、アマゾンが運営するGoodreadsなどいわゆる「一般読者」がレビューを投稿するサイトでの感想は、絶賛する人とやや戸惑う人とで分かれた。多くの読者が「完全にぶっ飛んでる」「表紙に騙されないで！　なんと恐ろしくて、不吉で、奇抜な話だろう。心臓の弱い人には薦められない。今最もお気に入りの作品」などのコメントや「AHhhHhhHhhHhhh!」という叫び声と共に5つ星をつけた一方で、「『コンビニ人間』が大好きだったんだけど、これは……そうでもなかった」「『地球星人』をぜひ好きになりたい気持ちでいっぱいで、半分ぐらいまでは楽しめたんだけど。『コンビニ人間』が大好きだったから、これも独創的で風変わり（quirky）な作品であることを期待していたのに」などと書き、1つか2つ星をつけた読者もいた。

だが、著者はこのような反応にも全く動じていない様子。ガーディアン紙に掲載されたインタビューで「『コンビニ人間』を読んで私を知っていた人はがっかりしています。でも、私は［『コンビニ人間』の］成功の前はカルト作家でした。みんな以前の村田が戻ってきたと言っています」と聞き手のデイヴィッド・マクニールに語った。

著者のヴォイスを届けるために

小川洋子や村上龍などの小説の訳者としても知られる日本文学研究者のスティーブン・スナイダーは、英米の編集者が長年「次のムラカミを探していた」と指摘し、これを「お国にもっとあなたのような方はいませんか現象」と呼んでいる。

1章でインタビューした7人の日本文学の翻訳者たちは、最近の英語圏での日本文学の飛躍を喜びながらも、やはり出版業界が似たような作品ばかりを求める傾向について懸念を示していた。この「お国にもっとあなたのような方はいませんか現象」を避け、多様な作品を読者に届けるにはどうすればよいのか。

竹森は、かつては多くの翻訳家が大学などの学術機関に所属しており、翻訳は学術研究の一環であったが、最近ではフリーランスの文芸翻訳家も増え、それが作品の多様性にもつながっていると指摘する。

「翻訳家によるイベントもたくさん行われていて、読者も翻訳のプロセスに関心を持ち始めています。新しい翻訳家を育成するためのワークショップやその他のイニシアティブもたくさんあります。これらはすべて、より多くの作品の翻訳出版につながっています」。

ボイドは「翻訳家にとって最も重要なことは、適切な出版社と適切な編集者を見つけること」だという。「[著者の]ヴォイスが独特であれば独特であるほど、独立系の出版社と組むことになる。翻訳文学に関しては、独立系の出版社が仕事の大半を担っています。大手が取らないリスクを取る準備があるので……」。

その独立系出版社で働く編集者の一人であるイガラシは、「過去の成功を再現しようとする傾向は[出版界には]確かに強く、それを意識的に避ける必要がある」という。「*The Lonesome Bodybuilder* と *Where the Wild Ladies Are* を出したので、もちろんこれから日本の女性作家による短編集が私のところに送られてくることになると思う。短編小説が好きなので、それは素晴らしいこと。[短編集が好きな]読者を探す仕事はすでに済んでいるし。でも、私が望むのは、アオコの本についてやりとりをしていた書店員が他の作品や作家を薦めてくれたり、この2冊を出していることに気づいた翻訳家が、それらの本と共通するものがありながらも全く違う本を提案してくれたりすること。私の場合、本の出版過程すべてに深く関わるので、自分が2年間どっぷり浸かっていられる本しか受け持つことができないのが本当のところ。なので「ソフト・スカルの」リストは常に私の変わり続ける関心を反映する傾向があります。身勝手かもしれないけど、自分を退屈させたくないし、ロボットにもなりたくない。そして、この考え方は、独特なヴォイスを新たに発掘する上で意外と役立つかもしれません」。

ブリテン諸島出版見聞日記 2

（2020年3・4月号）

ロンドンの文芸編集者たち 2019年10月11日

チェルトナムの文芸祭に参加するために来英していて、イベントのため1日だけロンドンに来ているニシ（西加奈子）さんと合流するためにホテルを少し早めに出る。が、地図アプリが使えないのでまた迷う。スタバを見つけ、Wi-Fiに接続すると、ニシさんから「カラシマさんどこですか〜〜」とメールが入っていて焦る。

最初の訪問先はペンギン・ランダムハウス社。2013年にペンギン社とランダムハウス社が合併してできた巨大出版社。イギリスだけでも50以上のインプリント（出版ブランド）からなる最大手で、2000人以上の従業員がいる。今回訪問するのは、ストランド通り沿いにある、合併する前にペンギン社だった場所。

なんとか5分遅れでニシさんと合流し、3人の男女が和やかに会話をしている受付で名前を伝えると、数分後に背の高い女性が迎えに来てくれる。

翻訳家のアリソン（・マーキン・パウエル）が紹介してくれたイザベルは若手の文芸編集者。大学でフランスとイタリアの文学を学び、幾つかの出版社でインターンをした後、2015年にペンギン・ランダムハウスのインプリントであるヴァイキングに編集アシスタントとして雇われた。2019年3月にエディター（編集者）に昇格したばかりで、自らの作家／作品リスト作りに取り組んでいるところ。英語圏の編集者にとっては、この「リスト」が何よりも重要。出版業界でキャリアを築いていく上での履歴書代わりになる。

エレベーターでイザベルのデスクがあるフロアまで上がる。オープン・プランのオフィスは活気がある。案内された小さな会議室のソファーはカラフルで、棚には新刊が並んでいる。ニシさんがゼイディー・スミスの作品が好きだと言うと、イザベルが誇らしげに棚に並ぶハードカバーの本を指差し、最近新しい短編集を出したばかりだと微笑む。

イザベルは、今まで主に英米の作家の本を担当してきたが、翻訳文学にもチャレンジし始めている。英語圏以外の作品を出す努力をするのは編集者の「重要な責任のひとつ」だとはっきり言う。社会が保守化するなか、編集者は「多様な声」を読者に届けるべきだという意識が高まっているのは、例えば出版社や文芸誌などが協力して運営しているサイト「リテラリー・ハブ」でピックアップされている記事を読んでいても明らか。

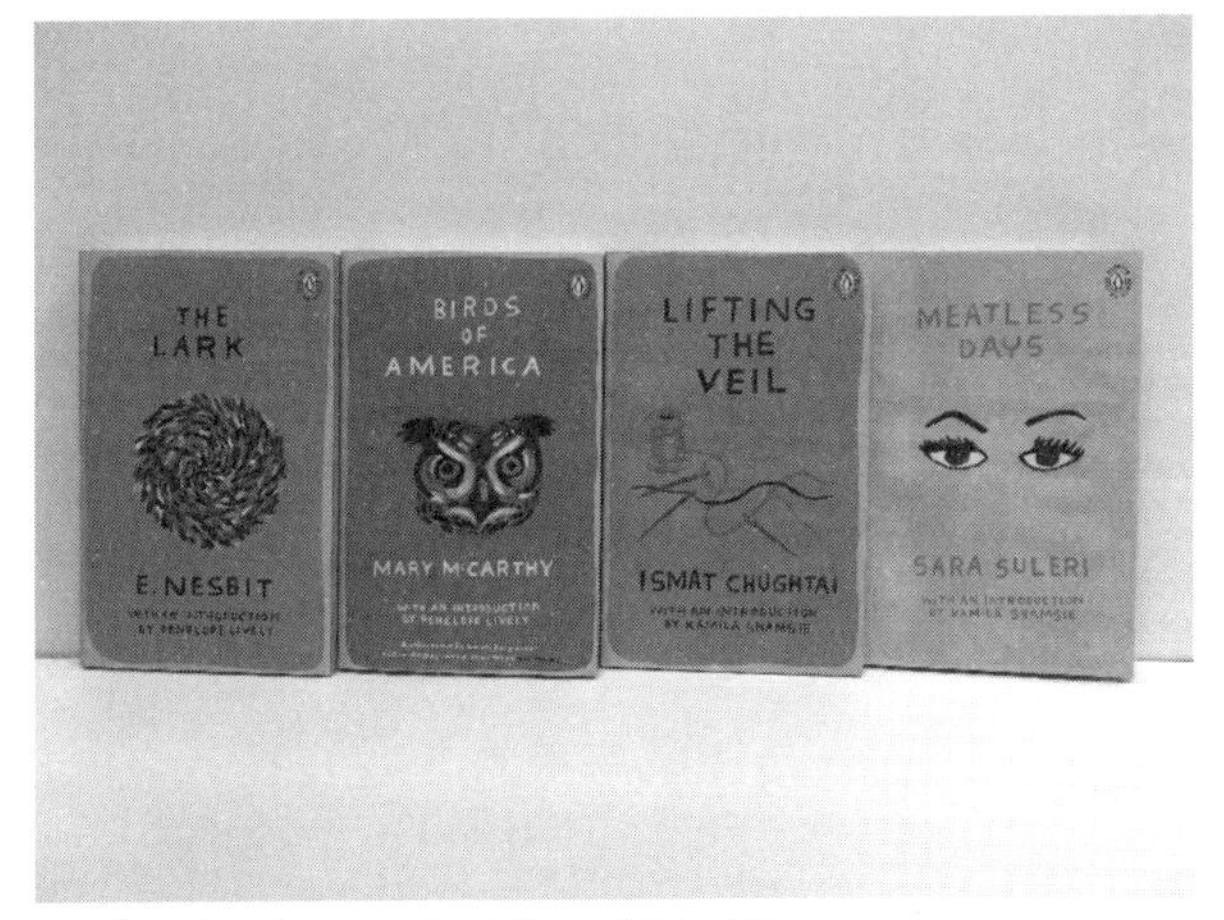

ペンギン・ランダムハウス社のイザベルが立ち上げた
Penguin Women Writersシリーズ

韓国系アメリカ人女性による韓国を舞台にした小説を最近出したばかりのイザベルは、今後日本に関わる作品も出したいと考えている。特に「女性の経験について書かれた女性作家による作品」に関心がある。翻訳文学でいうと、エレナ・フェッランテの『ナポリの物語』シリーズ、ハン・ガン『菜食主義者』、村田沙耶香『コンビニ人間』のような作品。読者がこのような本を求めているのも明らかだという。ニシさんも書いているような男性が主人公の長編は受け入れられにくいのか尋ねると「はっきりした方程式があるわけではないから必ずしもそうとは言えない」という。でもニシさんの作品で女性が主人公のものも読んでみたいというので、（売れないと言われているけれども）短編集でも構わないか尋ねると、1作目としては長編よりも少しハードルは上がるものの、作品間に登場人物でも舞台でもテーマでも何か明確な繋がりがあると読者に届けやすいと説明してくれる。とはいうものの、最も重要なのは個人的に作品に惹かれるか。心揺さぶられない作品は自分の「リスト」に加えたくない、と言う。

（本屋大賞受賞の報せを受けたばかりのブレイディみかこさんと）昼食後、文芸出版社のグランタの事務所に向かうためにタクシーを止める。が、デモで道が封鎖されているので地下鉄の方が断然早くて安いと言われてしまい、チャリング・クロス駅まで歩くことに。

ロンドン西部のホランド・パーク駅近くの白塗りの建物に20分遅れで着く。と、ブザーを押す前にドアのすぐ反対側に座る受付の男性がドアを開けてくれる。受付の横にある段ボールでできた黄色い自販機が目に留まる。『コンビニ人間』のイギリス版ペーパーバックの販促ツールのようだ。自販機は、外国からの観光客が日本で感銘を受けるアイテムのひとつらしいが、ここまでやるとは。楽しみすぎではないか。そう思いながらも思わず写真を撮ってしまう。

階段を上りながら、各階のオフィス・スペースを覗いてみるが、ペンギン・ランダムハウスと比べるとスタッフ数も少なく、とても静かだ。奥で誰かがパソコンを打つ音が聞こえる。

最上階のガラス張りの会議室に通されると、既に翻訳家のポリー（・バートン）と2人の編集者が話をしている。グランタは書籍部門と文芸誌部門に分かれている。会う約束をしていたのは、日本の小説を何冊か出している書籍部のアン（・メドーズ）と文芸誌のディジタル・ディレクターのルーク。「グランタ」は一応「イギリスの文芸誌」だが、スウェーデン人のオーナー編集長の下で働くメンバーの出身地は（主に英語圏ではあるもの）カナダ、オーストラリア、ニュージーランド、チリと多様。文芸誌編集部でイギリス人はアシスタント・エディター一人だけ。

この多様性は誌面作りにも反映されていると言うルーク自身もカナダ出身。大学で文学

グランタのオフィス

『コンビニ人間』イギリス版の、段ボール製の黄色い自販機を模した販促ツール

を学ぶために留学し、そのままロンドンの出版社で仕事についた。カナダにも、トロントを中心に出版シーンはある。でも英文出版の中心はやはりニューヨークとロンドン。今のところカナダに帰る予定はない。

受付前の『コンビニ人間』の自販機について尋ねると、思いついたのはアンだという。「日本の書店にも置いてもらえた」と誇らしげに教えてくれる。「コストがかかってそうだね」と言うと「そうでもないよ。段ボールだし」と笑う。アンに初めて会ったのは10年前のロンドン・ブック・フェア。当時は編集者になったばかりで少しシャイな印象を受けたが、今では書籍部門のリーダーで、自信とエネルギーに満ち溢れている。

文芸誌でオリンピック・イヤーに日本に関する特集を組む予定は？　そう尋ねると、特に考えていないと言う。日本特集を出して5年経つし、もうそろそろ日本関連の企画をやってもおもしろいのでは。思いつきでそんな提案をしてみる。「例えば２０２０年にかけて「20 for 2020」とか」。「それいいね、ウェブでぜひやろう」と意外とあっさり決まる。オーナー編集長のシグリッドに相談しないでコミットしてもよいのだろうか。少し心配になるが、ウェブの企画に関してはかなり任されている様子。全体的に意識の高い文芸編集者たちの中でも、ルークは新しい作家の作品を出すことに特に意欲的だ。性格やスタンスもあるだろうが、グランタのオーナーの経済力がもたらす「余裕」もそれを可能にしている一因では。

ロンドン・ブック・フェアのあとに一度シグリッドの自宅に招かれたことがあるが、ケータリングの質の高さと裏庭の広さに驚いた。その場にいた（確かブルガリアで日本文学を出していた）編集者が「ロンドンで2番目に大きなプライベート・ガーデンらしいよ」と教えてくれた。さすが三角牛乳（シグリッドの祖父はテトラ・パック社の共同設立者）と思いながら「ちなみに一番は？」と尋ねると、その編集者は嬉しそうに「バッキンガム宮殿さ」と答えた。

次のアポの時間が近づいてきたのでそろそろお暇すると伝えると、帰る前にお薦めの日本の作家の名前を書いてほしいとペンとメモ帳を渡される。ニシさんとポリーにも相談し、とりあえず女性作家を一人挙げると、「ちょうどその作家の小説の翻訳サンプルを読んだところ！」とアンが興奮気味に言う。何社か関心を示していて、おそらくオークションになるだろうとのこと。翻訳サンプルは、著者の職場での経験が活かされた芥川賞受賞作の冒頭部分。個人的には、著者の他の作品により惹かれるが、英語圏での「デビュー作」としては「分かりやすさ」は重要なのかもしれない。英語圏などで村上春樹の小説の売上が急激に伸び始めたゼロ年代半ば以降、海外の編集者に「ザ・ネクスト・ムラカミを紹介してほしい」と頼まれることが多くなったが、『コンビニ人間』の成功を受け、編集者や訳者も「ザ・ネクスト・ムラタ」探しにシフトしている感がある。

次の打ち合わせはプーシキン・プレス。20分遅れで目的地の無機質な雑居ビルに着く。受付の男性に言われた通りブザーを押すと、数分後に社主のアダムが迎えに来てくれる。プーシキンは1997年に設立された比較的新しい出版社。編集者はアダムを含めて7人。打ち合わせも、事務所ではなく、建物の共用スペースに案内される。

アメリカ出身のアダムは、もともとロンドンのペンギン社で古典文学のシリーズを担当していたが、2012年にプーシキン・プレスのオーナー・パブリシャーになり、児童書から翻訳文学まで幅広く出版している。

日本の作品も多い。主に「リテラリー・フィクション」に分類される「純文学作品」の他にも、「クライム」のインプリント「プーシキン・ヴァーティゴ」から島田荘司や横溝正史の小説の英訳も出している。ジャンル物の英訳は難しいとされてきたが、スカンジナビアからの翻訳作品の成功もあり、今では「インターナショナル・クライム」が新たなサブジャンルとして定着しつつある。「クライム」の方が売れるからか、日本では「純文学作家」として知られる作家が英語圏では「クライム・ノベリスト」とブランディングされる例もある。

現代日本の中編を扱う「コンテンポラリー・ジャパニーズ・ノヴェラ」シリーズの担当

者のダニエルも途中から参加してくれた。

どこの国でも他国の同時代作品（文学シーン）について知るときの指標は文学賞だ。日本の場合、芥川賞が比較的知られているが、その受賞作のほとんどは、英語圏ではショート・ストーリー（短編小説）とノヴェル（長編小説）の間にあたる「ノヴェラ」とカテゴライズされる長さの作品である。

先述のとおり、英語圏では、長年「ノヴェラは売れない」と言われてきた。個人的にも、海外の編集者には、雑誌に掲載できる「ショート・ストーリー」か書籍として刊行できる「ノヴェル」を求められることが多かった。ただ、中編がロングセラーになる例も少なからず見てきた。なので、プーシキン・プレスに相談し、UCLAで日本文学を教えるマイケルなどとあえて「ノヴェラ」を出すシリーズを実験的に立ち上げてみた。そして、今のところ刊行した6作全て好評で、4作は重版したという。2020年春には第2弾を出すことになりそうだ。

一方で、このプーシキンのノヴェラ・シリーズは、残念ながら担当者がよく替わる。ダニエルは4年で3人目の担当者。英語圏の出版社では、社内で（人事異動などで）担当編集者が替わることは珍しい。著者の側も一社と独占契約を結ぶのが基本で、出版社を替えることは珍しいので、何十年も一人の編集者と仕事をする作家もいる。が、逆に編集者が

プーシキン・プレスの「コンテンポラリー・ジャパニーズ・ノヴェラ」シリーズ。現代日本文学の中編を扱う

出版社間を移動することは珍しくない。社内で出世していく人もいるが、会社を替えながらキャリアを築き上げていく編集者も多い。編集者は、より良い条件を提示できる出版社（もしくは別業界の組織）へどんどん転職していく。なので特に資金力が乏しい出版社は、優秀な編集者を引き留めるのに苦労する。編集者が移籍しても一緒に仕事をし続けられる信頼関係を築けるか。翻訳家にとっては重要な課題のひとつだ。

チェルトナム文芸フェスティバル　10月12日〜13日

12日はチェルトナム文芸祭で朝から晩まで文芸イベント漬け。イングランド南西部のグロスター州にあるチェルトナムは、ロンドンから車でも電車でも2時間ほどで行ける。昔は温泉保養地として栄え、最近は音楽から科学まで様々なフェスティバルで町おこしをしている。１９４９年に開始された文芸フェスティバルは「世界最古」だという。毎年約６００人から７００人（70周年の２０１９年は９００人）の書き手がイベントに登壇し、その話を聞こうと何万人もの本好きがイギリス各地から集まり、80人から１５００人キャパの会場を埋め尽くす。

朝一番にニシさんのひとつ目のイベントに向かう。イベント会場は、６つのテントが集

チェルトナムの文芸フェスティバルで対談するニシ（西加奈子）さんと翻訳者のポリー・バートン。通訳はアサ（米田雅早）

まるメイン会場から少し離れたレストラン。壇上には、海外の文芸祭の推薦を受け、アイルランド、カナダ、ナイジェリア、日本、ニュージーランドから参加している作家と詩人が並んでいる。司会はノリッジでオランダ人作家のイベントも司会したダニー。ステージに座るスペースがなく、仕方なく壇上に上がるための階段から進行役をつとめる。朝食をとりながら朗読とトークを楽しむフォーマットで、観客はクロワッサン、フルーツ、コーヒーなどが置かれた丸テーブルから壇上を見上げる。

登壇者は、順番に朗読をし、簡単な質問に答える。最後に出番が回ってきたニシさんは短編「私のお尻」の冒頭を日本語で読み、（本谷有希子の『嵐のピクニック』と『異類婚姻譚』に収録された作品から編まれた短編集 *Picnic in the Storm* が「ウォーリック女流翻訳文学賞」の候補に選ばれたばかりの）翻訳家の（米田）雅早（アサ）がもう少し長めに（アリソンによる）英訳を読む。客席からのリアクションはとてもあたたかい。

この企画は、昨年日本にも来ているプログラム・マネージャーのリンジーがフェスティバルの70周年企画の一環としてアレンジしたもの。大学卒業後にインターンとしてチェルトナム文芸祭で働き始めたリンジーは、フェスの国際化に力を入れていて、２０１９年にはブックセラー誌が選ぶライジング・スター（期待の新人）にも選ばれている。

フェスには、メイン・スポンサーのロンドン・タイムズ紙に加え、大学、書店、文化機関などのサポーターがついているが、個別のイベントは、基本的にはチケット収入で賄わなくてはならない。そのため、いわゆるビッグネームに頼りがちになるが、リンジーは敢えて英語圏でまだ知名度の高くない書き手を集めたイベントを積極的に企画している。海外から作家を招くのは時間と労力と資金がかかる。それでも「世界で最も大きな文芸イベントとして、世界の文学の一面をショーケースする責任がある」と言う。

1000人は入りそうな巨大テントで行われたイアン・マキューアンのイベントを見てから近くのレストランで食事を済ませ、午後のニシさんのイベントに向かう。今度は「ヌック」（奥まった場所）というテント会場。登壇者は、ポリーと雅早（アサ）とニシさんの3人で、80人キャパの会場は満席。観客の半数近くが日本人だったロンドンでのイベントと異なり、客席に日本人はほとんどいない。フェスは、好きな作家の話を聞ける場であると同時に、読者にとって新たな作家を発掘する場でもある。イベント後、ニシさんに感想を聞くと「私は翻訳本も出ていないのに、みんなめちゃくちゃ熱心に聞いてくれて驚いた」という。そして何より翻訳家の2人と壇上に上がれたことが貴重な体験だったと。

「デリケートな話をするときも、例えば通訳や司会の方によって観客の受け取り方が違うと思うんですけど、雅早もポリーも私の感覚にすごく配慮してくれて、それが本当に安心でした。それって翻訳にも通じると思うんです。「この人ならニュアンスをわかってくれる」っていう信頼があるとないとでは全然違うんやないかな。だから私は、作家は翻訳家と会うべきやと思っています」

登壇者用の「ライターズ・ラウンジ」で一息ついてから、4人でブッカー賞の候補者を集めたイベントを見に行く。会場は100年以上の歴史を誇るタウンホール。フェスティバルが開始された当初は全てのイベントがこの一会場で行われていたらしい。

2019年は79歳のマーガレット・アトウッド以外の5人の候補者が参加。ライバルたち(?)と横並びにされて登壇者たちは少し居心地が悪そう。ニシさんも「候補者をあげるだけで残酷やのに」という。司会はブッカー賞の文芸ディレクター。少々緊張気味だが「メディアでも言われていますが、今年は白人男性が一人もいません」と誇らしげに強調する。この点は「世界的にそういうムーブメントになってるんやなぁ」とニシさんの印象にも残った様子。

登壇者が5人もいるのにイベント時間は質疑応答を入れて75分。一人ずつ長編の抜粋を朗読し、一つ二つ質問に答えるというフォーマットだ。フェスティバルにたびたび出演して慣れているからか、全員朗読が非常に上手い。特に(演劇の世界にもいた)エヴァリストの朗読は圧巻。

最後の質疑応答で「他の候補者の作品を読んだか」という質問が出る。ラシュディは

チェルトナムの文芸フェスティバル。70周年記念企画の一つとして行われた海外作家のショーケース・イベント

フェスティバル会場の巨大テント

「ほぼ全員の作品を読みはじめた」と答え笑いを誘う。続いて（ニシさんがサイン本を持っているほどのファンだと言う）シャファクがマイクを手に取り、「ロングリストの作品（13冊）を全て読んだ」と言い、会場をどよめきが包む。ここぞと最前列に座る文芸記者が手を挙げ「皆さんが選考委員だったらどの作品に投票しますか」と尋ねる。壇上から唸り声が上がり、司会がすぐに「そんないじわるな質問は受けつけません！」と笑いながら応対する。

イギリスの文芸記者は、かなり突っ込んだ質問をする。書評を書くときも、中立な立場で作品を評せるように、書き手がいるパーティーへの参加を避ける人も多いという。

とはいえ「文芸記者」として安定的な収入を得られるのはほんの一握りの評者。多くの書評は、フリーランスの書き手に少ない原稿料で外注される。日本のような「書評委員」制度もない。なので厳しい書評を書く環境が本当にあるかは微妙なところ。厳しい評を書いたら仕事が回ってこなくなるのでは。そう懸念するフリーの書評家もいるだろう。評者が書き手でもある（ことが最近は多いが）場合はとくにややこしい。自分の本が出た時に厳しく評されるのではないかという不安と戦わなくてはならない。なのでニューヨーク・タイムズに40年近く所属し、厳しい評で知られたミチコ・カクタニのような存在が大切にされるのかもしれない。でもその彼女も、２０１７年にニューヨーク・タイムズの書評担当チーフのポジションを辞任し、作家に転身した。

もちろん書き手でも厳しい評を書く人はいる。記憶に鮮明なのは、イギリス人作家ジェフ・ダイヤーが２００８年にニューヨーク・タイムズに寄せた村上春樹『走ることについて語るときに僕の語ること』の英訳の評。村上の小説を読んだことがないと断りながら、本を「平凡」で「退屈」で「いい加減」だと酷評した。

ちなみに、村上はその数年後にダイヤーの小説『バット・ビューティフル』の邦訳を出している。「村上効果」もあり、ダイヤーの作品が日本でも（しかも少なくない数の読者に）読まれるようになったわけだが、ジェフが２０１２年に来日した際にこの点について尋ねてみたら「いやー、なんか悪いことをしてしまったと思うよね」と本当に申し訳なさそうだった。選考委員もそうだが、書評家や書評委員もなかなか難しいポジションだ。

文学都市ダブリン　10月15日〜16日

アイルランドの文芸関係者と会うためにダブリンへ。目的は日本文学の翻訳や紹介に関わるプログラムでのコラボレーションの可能性を探るため。主な訪問先は、オープンしたばかりの文学博物館の他に、大学の文芸翻訳センターや作家や詩人を支える団体。今まではイギリスとアメリカのキーパーソンたちと仕事をしてきたが、同じ英語圏でも、アイルランド、カナダ、オーストラリア、シンガポールなどの文芸関係者とも直接つながることにより、新たな視点が得られるのでは。そんな期待があった。

夜はダブリン国際文芸フェスティバルのディレクターのマーティンと夕食。マーティンは、ロンドンのサウス・バンク・センター（テムズ川沿いの芸術関連複合施設）で10年以上文芸イベントを企画した経験を持つ。今はフリーランスでダブリンのフェスティバルの他に「ニュー・ダッチ・ライティング」と「ジャパン・ナウ」という「日本の今」を伝えるプログラムも運営している。「ジャパン・ナウ」では、日本の小説家、翻訳家、映画監督などを5年間で30名以上イギリスに招き、ロンドンだけではなく、地方でもイベントを実施してきた。

なぜ日本関連のプログラムを立ち上げることにしたのか尋ねると、「日本について何も知らなかったから興味があった」と言う。チェルトナムのリンジーもそうだが、フェスティバルの運営者たちは自らの好奇心にとても素直だ。でも（編集者もそうだが）世界のフェスの運営者たちのなかに日本語で小説が読める人はほとんどいない（個人的には一人も知らない）。なので彼らの目に留まるのはどうしても（それが例えば短編一作でも）作品が翻訳されている書き手になる。

２０２０年の日本からの招聘者のラインナップも豪華。２月の「ジャパン・ナウ」では伊藤比呂美、本谷有希子、小山田浩子などが大英図書館などでイベントをする予定で、５月開催のダブリン国際文芸フェスティバルでも「フォーカス・カントリー」を日本にし、日本から村田沙耶香や川上未映子など数名が参加予定だという。「ロンドンで本を出していても、アイルランドで読まれるためには、ダブリンに足を運ぶことが重要なんだ」と３杯目のギネスを飲みながらマーティンが熱弁をふるう。

翌朝、マーティンとセント・スティーブンズ・グリーン公園の向かいにオープンしたばかりのアイルランド文学博物館を訪れると、ディレクターのサイモン自身が館内を案内してくれることに。ユニヴァーシティー・カレッジ・ダブリン（ＵＣＤ）と（ジョイス関連の資料を所蔵している）アイルランド国立図書館の共同事業としてできたこともあり、常設展はジョイスがメイン。『ユリシーズ』や『フィネガンズ・ウェイク』の直筆原稿、『ダブリナーズ』の出版の経緯が綴られた手紙、ジョイスのダブリンを再現した立体地図、何十冊もの翻訳版などが展示されている。

昼は文学博物館の地下のカフェでとることに。ここは人気のようで、入場料がかかる館内よりも賑わっている。ランチには、ダブリンのユネスコ文学都市のディレクターで「国際ダブリン文学賞」の責任者でもあるアリソン（・ライアンズ）も参加。もともと図書館司書のアリソンは、刑務所図書館の運営などを経て現職に就いた。2020年の国際ダブリン文学賞のフライヤーを取り出し、デザインについて我々の意見を求める。

1994年に(「国際インパックダブリン文学賞」として)設立された賞の大きな売りは、世界各国の図書館が推薦に携わっていること。2020年は40ヵ国から156の候補作が推薦された。この150冊以上の作品を毎年替わる審査員が約半年で全て読む。なかなか野心的で透明性の高い賞だが、長年「インパック」の通称で親しまれていた賞の正式名称を変えてから、国際的な認知度を保つのに苦労しているらしい。

ここ四半世紀ほど、アイルランドは国際的な文学賞の運営をリードしてきた。「インパック」の他にも村上春樹が英訳の短編集 *Blind Willow, Sleeping Woman*(『めくらやなぎと眠る女』)で受賞した「フランク・オコナー国際短編賞」などもある。文学賞の大半は「国語」で書かれた作品を対象としている。英語圏では、翻訳文学は別カテゴリーとされ、英語で書かれた作品についても著者の国籍などの条件が設けられているものが多い。そのなかで、アイルランドのインパックやフランク・オコナー賞は、(選考の実務の問題もあり英語で出版されたものに限られてはいるものの)英語で書かれた作品と英訳された作品を同じ土俵で評価している比較的珍しい試み。これは英語圏の国のなかでも文学的資源が豊かでありながらも(これまで4人のノーベル文学賞受賞者を輩出している)、人口が比

アイルランド文学博物館の、ジョイスのダブリンを再現した立体地図

ダブリン市内の独立系書店ブックス・アップステアアーズ

較的少ないという少し特殊な状況が生み出した現象かもしれない。アイルランドの作家の多くが英米の出版社から本を出しているなか、アイルランドの作家だけを対象とした文学賞はどうしてもイギリスのブッカー賞やアメリカの批評家協会賞のような賞に対抗できない。そんな考えも国際的な文学賞の設立に寄与したのでは。でもブッカー賞が「国際ブッカー賞」を立ち上げたり、全米図書賞が翻訳部門を復活させたり、国際的な文学賞が新設されるなかで、国際文芸シーンにおける「国際ダブリン文学賞」のような賞の位置付けが難しくなっているのかもしれない。

「編集」する編集者たち　10月21日

10時半に研究出張でロンドンに到着したばかりのオノ（小野正嗣）さんとホテルのロビーで合流。雨のなか、大英博物館の隣にあるフェーバー&フェーバー社を目指す。フェーバーは、１９２９年に設立された老舗。規模は大きくないが、Ｔ・Ｓ・エリオット、テッド・ヒューズ、サミュエル・ベケットなどの作品をはじめ、多くの名作を出している。イースト・アングリア大学（ＵＥＡ）の創作修士の学生だったカズオ・イシグロに目をつけ、世に送り出した功績も持つ。20世紀後半以降、多くの出版社が大企業の傘下に取り込

フェーバー&フェーバー社のロビー。
奥の写真はT・S・エリオット

まれてきたなか、(エリオットの詩を元に人気ミュージカル『キャッツ』が作られたことも幸いし)90年以上独立系出版社の立場を守ってきた。文芸業界でも少し特別な存在だ。

ロビーで待っていると、アポの時間を15分ほど過ぎたところで、ごめんごめんと言いながらエディトリアル・ディレクターのアンガス(・カーギル)が外出先から戻ってくる。前回会った時よりも気持ち広めのオフィスに通される。壁にはエイドリアン・トミネのグラフィック・ノベルの表紙が飾ってあり、机の横の窓からは中庭も見える。

アンガスは、ロンドン大学で修士課程を修了した後にフェーバーに入社し、もう20年近く同社で働いている。フェーバーが魅力的な職場で、アンガス自身も有能な編集者なのだろう。2005年から2008年にかけて、山田太一のいわゆる「ファンタジー三部作」(『異人たちとの夏』『遠くの声を捜して』『飛ぶ夢をしばらく見ない』)のイギリス版を彼が手がけた時に一緒に仕事をしたが、実際かなり的確なアドバイスをくれた。

デイヴィッド・ピースの(「東京三部作」最終作である)*Tokyo Redux* を編集しているところだとパソコンの画面を指す。舞台が1964年のオリンピックを控えた東京ということもあり、アンガスは2020年のオリンピック前の刊行を目指している。オノさんが、書き換えをお願いしたりするのか尋ねると「遠慮なく提案するよ」と言う。そして「全て受け入れてもらえるわけではないけどね。つい先ほど僕の提案を断るとても丁寧なメールが届いたよ」と笑う。

1時間ぐらいしたところで「次のアポがあるのでそろそろ」と立ち上がると「その前にひとつだけお願いが」とA4の束を渡される。「同僚がこの本が気になっていてね。読んだことある?」と聞かれ、原稿を見てみると、なんと1週間前にグランタの事務所で渡されたのと同じサンプル翻訳。「芥川賞も受賞したらしいよ」とアンガスが付け足す。以前は「芥川賞受賞作」と言っても「それって重要な賞なの?」と聞いてくる編集者が多かったが、最近は芥川賞の認知度も(あくまでも出版業界内ではあるが)高まっているようだ。アンガスが編集したデイヴィッド・ピースの小説 *Patient X*(黒原敏行による邦訳は『Xと云う患者　龍之介幻想』)や村上春樹が序文を寄せたジェイ・ルービン訳の芥川龍之介の短編集の影響もあるかもしれないが、恐らく大きいのは『コンビニ人間』のベストセラー化。日本国内では、賞の効果で作品が広く認知された部分もあると思うが、海外では一種の逆転現象が起き、『コンビニ人間』のおかげで「芥川賞」が認知された可能性も。しばらくは、国内ほどではないにせよ、海外の出版関係者の間では「芥川賞効果」が期待できるかもしれない。

午後1時からの打ち合わせはペンギン・ランダムハウス社。ニシさんと訪問したストランド通り沿いの元ペンギンのオフィスではなく、今回はテムズ川近くの元ランダムハウスのオフィス。

村上春樹や小川洋子の作品を出しているインプリントであるハーヴィル・セッカーのリズ・フォーリーとは十数年来の付き合い。はじめて会った頃は受付から編集者に昇進したばかりで、金原ひとみの『蛇にピアス』や『オートフィクション』の英訳を担当してくれた。数年前からハーヴィル・セッカーのトップをつとめていて、最近は自らノンフィクションの共著も（ランダムハウスの同僚の編集者と一緒に）フェーバーなどから出している。

ハーヴィルは海外文学を専門とするインプリント。J・M・クッツェーの作品など英語で書かれた作品も刊行しているが、主に翻訳物を扱う。本棚にはジョー・ネスボやヘニング・マンケルなど、スカンジナビア発のクライム・フィクションも目立つ。

最近のヒット作は（フォイルズなどの書店でも目立つ形でディスプレーされていた）小川洋子の *The Memory Police*。小川作品では、２００９年に刊行された *The Housekeeper and the Professor*（『博士の愛した数式』）以来の大ヒットとのこと。数年おきに確実に作品が刊行され、10年に一度ヒットが出る理想的な形だと言う。

もちろん村上春樹の英訳も相変わらず好調。「これおみやげに」と日本の祝日や村上作品に出てくる日付が記された「Murakami Diary」を渡される。村上作品のイギリス版は、

ペンギン・ランダムハウス社海外文学専門インプリント、ハーヴィル・セッカーの編集者リズの本棚。村上春樹『1Q84』イギリス版が目立つところに置いてある

プロモーションで書店の建物に投影された、村上春樹『色彩を持たない多崎つくると、彼の巡礼の年』イギリス版の表紙。著者名はMURAKAMIと記されている

表紙にフルネームではなく、MURAKAMIとだけ書かれている。ファーストネームを敢えて使わないのは「ムラカミと言えばムラカミ・ハルキしかいない」という強気の姿勢から。これにはさすがにコメントに困る。

ちなみに、来年の売りは伊坂幸太郎の『マリアビートル』。*Bullet Train*という題で「ハイ・クオリティー・インターナショナル・スリラー」として刊行する。新幹線が舞台なのもイギリスの読者には魅力。ハーヴィルで最も売れているジョー・ネスボの作品が良い例だが、ミステリーやサスペンスの翻訳作品でも「舞台」や「世界観」は重要。

家具に詳しいオノさんが「素敵なデスクですね」と部屋の中心におかれた木製の机を指差すと、「前任者から引き継いだ」とリズは嬉しそうに言う。「でももうすぐ手放すことになるんだけど」と机を愛おしそうに撫でる。現在ストランド通り沿いにいる（元ペンギンの）スタッフとテムズ川沿いのオフィスにいる（元ランダムハウスの）スタッフを数ヵ月後には同じ場所にまとめる予定とのこと。しかも、基本はオープン・プランのオフィスになるので、リズのようなベテランのスタッフも部屋は持たせてもらえそうにない。「本や靴を置く場所がなくなる」と嘆く。そして「何よりも編集するために必要な静かなスペースがなくなる」と。会社の合併や事務所のデザイン変更は、編集者に期待される役割が変わってきていることも表していると言う。

オノさんがここでも「どこまで編集するのか」について聞いてくれる。リズは「作品によるけれども、かなり編集することもある。英語で書かれた作品については、全体の構造や結末の書き換えを依頼することも少なくない」と言う。「そのことについて編集者はもっとオープンに話すべきだと思う」とも。一冊編集するのに何度も読み返して、何十時間もかける。初校と再校で終わるということはほとんどない。著者と10回以上やりとりすることも珍しくない。

そして、ほとんどの著者が「そのプロセスを歓迎してくれる」と言う。が、もちろん、編集は一切受け付けないという著者も稀にいる。何週間もかけて編集したゲラをある著者に郵送したら、数日後に1ページ目に大きく「STET（＝イキ）」とだけ書かれたゲラが送り返されて来て「立ち直るのに数週間かかった」同僚もいるとのこと。その作品はそのまま出版されたのか聞くと、「その作品はね」と言う。「かなりのビッグ・ネームだったから。誰かは絶対言えないけど！」。

外に出ると相変わらずどんよりしている。東京の冬空が恋しくなる。市内に無数にある「プレタ・マンジェ」で軽く腹ごしらえをしてから、数日前に提案した日本特集の打ち合わせでグランタのオンライン担当の編集者のエレナーに会うために、ヴィクトリア駅方面に歩く。

エレナーは、オーストラリア育ちだが、イギリス人の父親を持つ。大学の最終年にイースト・アングリア大学に留学し、卒業後もイギリスに残り、出版関係の仕事に就いた。函館に1年ほど住んだこともあり、日本語も多少できる。今でも家族に会いにオーストラリアに帰る時は日本に寄り、ラーメン屋と銭湯を巡る。

２０１４年にグランタの本誌が「日本特集」を組んだときには入社1年目だった。当時の編集責任者に編集の手ほどきを受けたこともあり、今回のウェブの日本特集にも思い入れがある。数名の翻訳家とチームを組み、グランタ側に作品を提案することに。英語圏で既に名のある書き手はもちろん、まだ英訳されていない作家の作品もぜひ掲載したいと言う。最終的に掲載する作品はグランタのロンドン事務所の編集者たちが編集会議で決める。ここは前回の日本特集と同じ。

グランタをはじめとした英米の文芸誌は、著者に原稿を依頼（コミッション）することはほとんどない。取材が必要なノンフィクションの場合は原稿依頼をすることもあるが、基本的には作家やエージェントから送られてきた原稿を読み、掲載する作品を選ぶのが編集者の仕事。フィクションについては「コミッション」するという発想はない。なので、小説家たちは、ベテランも含めて、自発的に作品を書き上げ、主にエージェント経由で雑誌に送る。エージェント経由でない投稿は受け付けない（もしくは投稿料を取る）という雑誌も多いが、グランタは年に2回、1ヵ月の無料投稿期間を設けている。

送られてくる作品は年に数万件。グランタは「プレスティージの高い雑誌とされている」こともあり、この作品選びが「仕事の最大のプレッシャー」だとエレナーは言う。編集者たちは手分けして原稿を読み、推したい作品を編集会議にかける。そこから一握りの作品が紙の雑誌かウェブに載る。

翻訳作品の掲載についても、基本的には構図は同じ。なので、著者の許可を得て、翻訳して送っても、掲載されないことの方が多い。掲載されないことに英語圏の書き手は慣れているが、日本の文芸界では「プロ」の書き手が雑誌に「投稿」する文化があまりないこともあり、その差について事前にうまく伝えないと後で誤解が生じてしまうことも。文芸誌での英訳掲載を目指すにあたっては、翻訳家と作家の信頼関係が重要となる。

カズオ・イシグロが卒業した文芸創作プログラム　10月22日

ケイトとフェアレスを起こさないように気を遣いながら支度をし、オノさんとイースト・アングリア大学でのブレクファスト・ミーティングに向かう。

普段は空いている2階建てバスがこの時間帯はほぼ満席。1限から授業に出る学生が多いのだろう。キャンパスに着くと、指定された教職員専用の食堂に行き、紅茶とスコーンを注文する。オノさんと話をしながら待っていると、アンドリューが現れる。10年ほどつとめた文芸創作の修士課程のディレクター職を離れたからか、前回会ったときよりもだいぶリラックスした様子で、表情も明るい。新しく蓄えた立派な髭もとてもよく似合っている。

アンドリューは、自らもイースト・アングリア大学の創作修士の修了生。学部で英文学を学んだ後に「もう少し長く学生をやっていたい」と思い、当時小説家のマルコム・ブラッドベリーが責任者をつとめていた文芸創作の修士課程に目をつけた。決め手となったのはカズオ・イシグロとの会話。数年前に文芸修士を卒業し、83年にグランタの「ベスト・ヤング・ノベリスト」にも選ばれていたイシグロと友人宅で話す機会があり、大学院に進む決心がついたと言う。

イギリスではまだ他に文芸創作のプログラムがない時代で、内容も伝統的な英文学のカリキュラムに近く、文学史や文学理論に関する試験もあった。でも全体的には自由な雰囲気で、学生も主に「書く時間を確保するため」に参加していたと言う。当時はまだあまり人気がなく、学生を集めるのに苦労していた。イシグロの年（79〜80年）は6人で、アンドリューの年（84〜85年）は少し増えて10人。

現在は修士課程だけで5つのコースがあり、博士課程も合わせると学生数は年200人を超える。内容もより実践的になっており、教員とクラスメートによる細かいフィードバックが得られるのがプログラムの特徴。学生の期待値も30年前とは比べられないほど高い。教員側も真剣勝負。アンドリュー自身、学期中は学生の原稿に埋もれて過ごす。

文芸創作の教員の仕事に編集者やエージェントの仕事と似ているところがあるのだろうか。そう尋ねると、「大学院レベルでは似てはいるけど、教員の方がより深く、時間をかけて作品を読みこみ、フィードバックをする」と言う。「新人作家の原稿に教員と同じ時間を割ける編集者やエージェントはもはやいないはずだ」と。

なのでアンドリューは（日本と比べて作家の作品の刊行頻度が低い英語圏のなかでも）寡作だ。大学で教え始める前は、1994年、1996年、2000年と数年に一度小説を発表していた。でも（子どもができて安定した収入が必要となったこともあり）2002年から大学で非常勤として教え始めると執筆時間は減り、4作目を発表したのは5年後の2005年。2004年に常勤になってからは、更に執筆が滞り、次に作品を発表したのは8年後の2013年。最新作は2019年に出たばかり。デビュー以後は25年で5冊なので、5年に一冊のペースになる。

アンドリューは文芸創作の教科書も出しているが、最新の小説はそのなかで考案したた「最初の記憶について書いてみよう」という課題をもとにしたもの。次に何を書くか悩んでいた時期に、自分で考案した課題をベースに一冊書けないか試してみようと思いついたらしい。最近は英語圏でも「オートフィクション」が注目を浴びているが、アンドリューの最新作も自伝的要素が強い。出版される前に母に話しておかなければと電話すると、話を切り出す前に「どうせ私について書いてるんでしょ」と先に言われてしまったと笑う。

せっかく久しぶりに書き上げた長編だったが、それまで小説を出してくれていた大手出版社に提出したら、二人称で書かれていて「実験的すぎるので出せない」と言われた。四半世紀かけてキャリアを積み上げてきたにもかかわらず、本が出せなくなるというのは、特に教え子が次から次へと作品を発表するなか、辛いものがあったのでは。最終的には、イースト・アングリア大学があるノーフォーク州に事務所を置く独立系出版社の「ソルト・パブリシング」から出せることになり、「エリート主義の」ブッカー賞に対抗するためにガーディアン紙の支援を受け設立されたNOT-THE-BOOKER PRIZE（ブッカー賞でない賞）の候補にも選ばれた。

イースト・アングリア大学の創作修士課程は、フィクション、詩、ノンフィクション、脚本、クライム・フィクションなど、様々なジャンルに分かれている。最も歴史の古いフィクションの1年コースの定員は30名。10人ずつのグループに分けられ、一学期間はそのメンバーでワークショップを行う。もちろん教員との相性も重要だが、ワークショップが中心のプログラムでは、同期にどのようなメンバーがいるかも同じぐらい重要。

アンドリューが担当する10人は、中東系、南アジア系、アフリカ系の学生が一人ずつ。その他の7人は白人だが、イギリス、カナダなど出身地は様々。以前は「ベリー・ホワイト」だったが、最近は学生も多様化していると言う。女性の方が若干多く、年齢も20代から40〜50代ぐらいまで幅がある。引退後に、60〜70代でプログラムに参加する人もいる。

授業の冒頭でアンドリューが事前に配付していた課題文について少ししゃべる。どちらもアカデミックな論文ではなく、実践のヒントになりそうなエッセー。一作は、ニューヨーク大学で文芸創作を教えるゼイディー・スミスが長編の「声(ヴォイス)」を摑むまでにかかる時間について書いた文章。もう一作は『ティッピング・ポイント』などで知られるノンフィクション作家のマルコム・グラッドウェルが早咲きと遅咲きのアーティストを比べるエッセー(ちなみに、小説家では、早咲き派がジョナサン・サフラン・フォア(『エブリシング・イズ・イルミネイテッド』)で遅咲き派がベン・ファウンテン(『チェ・ゲバラとの短い遭遇』)。最初の1時間はこの2作についてディスカッションが行われる。内容について議論するというよりは、エッセーをきっかけに学生がそれぞれの不安や懸念を共有して終わる感じ。どこかグループ・カウンセリングを思わせる。が、学期はじめのウォーム・

アップとしては重要なのかもしれない。

5分間の休憩を挟み、学生の作品を講評するワークショップが始まる。学生たちは、事前に配られた原稿に手書きでコメントを書き込み授業にのぞむ。なかには数色のペンを使い分けて細かくコメントしている学生も。

1回目のワークショップで扱われる作品は、中東系の学生が書いてきたもの。創作ワークショップでは、書き手はクラスメートが議論をしている間は意見を挟まず聞くことに徹することが多い。アンドリューのワークショップでは、最初に書き手が作品の背景やアドバイスをほしい点について話してからクラスメートがコメントをする。ゲストの僕らの手元に原稿はないが、今回の作品は男性の三角関係を描いた長編の第1章だと説明がある。

英米の大学の学部の創作ワークショップでは、時間の制約もあり、学生には短編小説を書かせるのが基本。でもイースト・アングリア大学の学生は、1年で出版できる「本」(もしくはその土台)を書くのが目標。短編集を構想している人は、完結した短編を授業に持ってくることが多いが、長編を書いている学生は抜粋を選んで持ち込む。これは作品をワークショップで発表する機会が頻繁にまわってくるからこそできること。

学生からのコメントは文章レベルの細かい指摘から全体の構想についての提案まで様々。学生が一対一で教員からフィードバックを受けられる時間は別に設けられているからか、アンドリューは学生の意見のまとめ役に回る。コメントが出るたびに立ち上がり、ホワイトボードにメモをする。1時間後には、作品の登場人物とその関係、プロットなどが分かりやすく図面化されている。

休憩に入ったタイミングで僕らは次のアポがあるため一足先に抜けることに。その前にアンドリューと立ち話をする。

そもそもどのようにして学生を選んでいるのか。そうオノさんが尋ねると、まずは書類選考があるのだと説明してくれる。今までの学歴も考慮されるが、最も重要なのは数千ワードのライティング・サンプル（つまり作品）。

書類選考を通過した候補者には必ず面接をする。ワークショップは共同作業なので、面接では主に協調性のある人物かを確認する。例えば、過度に攻撃的なメンバーが一人いるだけでワークショップが成り立たなくなってしまう恐れがある。これは学部の――ほとんどの学生が半分趣味で受講している――ワークショップでも起こり得ること。でもUEAの修士課程に所属する学生は全員が作家志望。みんなチームメートであり、ライバルでもある。そして、卒業後作品を発表できない人もいれば、在学中に書いた小説で何十万ドルのアドバンスを勝ち取る人もいる。そのような場をマネージするのも楽ではない。

出版社が新人の発掘や編集に時間を割きにくくなっているなかで、大学の創作プログラムがその役割を（もちろんお金を取りながらだが）肩代わりしている部分もあるだろう。イースト・アングリア大学のプログラムの卒業生で本を刊行できる学生の割合は高い方だが、創作科の卒業生が全員プロになれるわけではない。なかにはほとんど作家を輩出していないプログラムも少なくないのでは。文芸創作科は多くの作家志望者が限られた人数のプロの作家を支えるピラミッド型スキームだと批判する声もある。

自ら文芸創作のコースを始めている出版社もある。有名なのは、フェーバー＆フェーバーの「フェーバー・アカデミー」。「週末に短編を書こう」「5週間で自伝を書こう」「長編を編集して投稿しよう」などのコースを提供している。

アカデミーの「メニュー」は豊富で、原稿を読んでフィードバックするサービスもいろいろある。料金は、3万ワード以下の原稿に1000ワードのフィードバックで225ポンド（3万円強）、10万ワード以下の原稿に2000ワードのフィードバックで500ポンド（7万円強）など。1年以上かかる大学のプログラムにコミットする時間や資金的余裕のない人が出版社のコースを選ぶ傾向があるようだ。日本では出版社が（少なくない資金をかけて）運営している新人賞の新人発掘機能をある意味有料化し、コストを出版社側から作家志望者側に移しているという見方もできるかもしれない。ちなみに、フェーバー・アカデミーの講座の受講者で「作家デビュー」している例はそれなりにいるようだが、フェーバーから本が出ている修了生がいるかは不明。

越境編集者　10月23日

午後のミーティングの場所はアシェットの新しいロンドン事務所。言われた通りエレベーターで4階に上がると、長身の好青年が迎えてくれる。「まだすごく若いのに有能なんだ」。紹介してくれたダニーがそう言っていたのを思い出す。30代前半に見えるが、名刺にはエディトリアル・ディレクターとあるので、それなりに責任の伴う立場だ。

アシェットもペンギン・ランダムハウスと同じようにオープン・プランのオフィス。大手ではこの形が基本らしい。ズラリと並ぶ机でパソコンに向かっている人もいれば、共有スペースにあるソファーで打ち合わせをしている人も。服装はみんな比較的カジュアルだ。

フェデはイタリア出身。イタリアの大学でイタリア文学を学んだ後に、ユニヴァーシティ・カレッジ・ロンドンで出版の修士課程に進んだ。イタリアではなく、ロンドンの大学で「出版」を学ぶことにしたのは、イタリアの出版界が「少し遅れていて」、出版が

「エキサイティングで破壊的」な場所に身を置きたかったから。

　編集者になれたのは「幸運」だったという。イギリスでも、出版業界に就職するのは容易ではない。特に編集者のポジションは限られている。しかも、フェデにとって英語は第二言語。にもかかわらず、その狭き門を抜け、今は責任あるポジションに就いている。人あたりはソフトだが、有能な編集者に違いない。

「広く読まれるリテラリー・フィクション」「LGBTQ＋フィクション」「一味違うリテラリー・クライム」など。フェデが事前に送ってくれたプロフィールには関心のあるジャンルが記されていた。興味のあることについて積極的に発信することにより、エージェントなどから良い作品が送られてくる状況をつくることも大切なのだと言う。

　プロフィールでは、最近担当した5冊と、最近おもしろく読んだ5冊も表紙付きで紹介されている。最近出した本にはテア・オブレヒトの8年ぶりの新作*Inland*、おもしろく読んだ本にはオーシャン・ヴオンの*On Earth We're Briefly Gorgeous*も含まれている。ちなみに、さすがにプロフィールには書かれていないが、最近とても気に入りオファーを出したものの、オークションで他社に競り負けてしまったのは、日本でもベストセラーになっているチョ・ナムジュの小説『82年生まれ、キム・ジヨン』。「あの作品はイギリスでも共感を呼ぶと思った。ぜひ出したかったね」と残念そう（イギリスでは、２０２０年2

月20日にスクリブナーから刊行されたばかり）。

日本の作品はまだ出したことがないが、海外の作品に対しても常にアンテナを張っているつもりだと言う。英語になる前にイタリア語に翻訳されていることも少なくないので、イタリア語版を読んで版権を取得することもあるそうだ。

アフター・ムラカミ・シンポ　10月25日

シンポジウムに参加するために、朝8時にパディントン駅を出る電車でオックスフォードへ。

オックスフォード駅に着くと、シンポジウムに一緒に出るヨシダ（吉田恭子）さんとご主人のラファエルが迎えに来てくれている。関西の大学で教えている2人は、同時にサバティカルを取り、オックスフォードで研究中。ヨシダさんは、日本育ちだが、アメリカの大学院で文芸創作を学び、英語で小説を書いている。短編集 *Disorientalism* に収録された作品の幾つかは、（管啓次郎訳で）「すばる」に「海外作家」シリーズの一環として掲載された。つまり、「日本人作家」でありながら、「海外作家」でもある珍しい存在。

会場であるペンブローク・カレッジに着くと、中庭の角に看板が出ていて、シンポジウムの題名が「ムラカミ後の日本文学と翻訳」だと初めて知る。大学のシンポでも、学生や教員の関心を引くためには題に「ムラカミ」と入れた方が良いとの判断があったのかもしれない。

今回シンポジウムを主催してくれたリンダは、イギリスの大学で同時代の日本文学を研究している数少ない研究者の一人。最近は東日本大震災以後に東北出身の作家が発表した作品を中心に研究している。

シンポジウムと言っても、30人ほどでお茶を飲みながら長テーブルを囲むインフォーマルなディスカッション形式。参加者の半数ほどはオックスフォードで日本文学を学ぶ学生。39のカレッジからなるオックスフォードで現在日本語を専攻しているのは約40名。その内12名がペンブローク・カレッジに所属している。日本語を専攻している学生は、大学2年目を日本で過ごす。神戸から戻ったばかりだという学生も多かったので、留学中に何を読んでいたのか尋ねると、純文学からエンタメまでかなり幅広い作品名が挙がる。「ホームシックで19世紀のイギリス小説ばかり読んでいた」と言う文芸翻訳家志望の学生もひとり。

ここでも『コンビニ人間』が話題に。リンダは、村田沙耶香の作品は「とてもタイムリー」で日本社会が直面している「プレッシャーや問題を見事に描いている」との意見。で

オックスフォード大学ペンブローク・カレッジに出ていた
アフター・ムラカミ・シンポジウムの看板

も英訳のタイトルは、*Convenience Store Woman* よりも（ホモサピエンスにかけて）*Homoconvenience* の方が適当だと思うと言う。理由は「コンビニが主人公のアイデンティティの一部になっているから」。当たり前の話だが、アカデミアは出版業界とは異なるロジックで動いていることを改めて実感する。

イギリスの大学で同時代の作家を研究する環境はあるのか尋ねると、なかなか難しい面もあるとリンダは言う。常に新しい作品が出るのと、作家もＳＮＳをはじめ様々な方法で情報発信をしているので、それを網羅するのがそもそも大変。作品について論じたことが、著者自身に否定されるリスクもある。例えば、授業で村田沙耶香の作品を取り上げ、その世界は「ディストピアだ」と話したときのこと。学生がイベントで本人にそのことについて聞いたら「ディストピアではなくユートピアです」と答えが返ってきたと報告してきたので困ってしまったと笑う。

終章　変化の年

２０２０年は変化の年だった。多方面からそんな声が聞こえてくる。本書で追ってきた（主に英語圏の）文芸ピープルも例外ではないだろう。

春先にはコロナ禍で書店や印刷所などが休業、閉鎖を余儀なくされ、書籍の売り上げが落ち込んだ。一方で、自宅で本を読む人も増え、少なくともアメリカでは、最終的には前年比で８％の売り上げアップを記録した。

日本文学の英訳も確実に読者に届いた。コロナ禍のなかでの刊行は「新人」にとって不利。そう言われるなか、英語圏で本が1、２冊しか出ていない「新しい」書き手たちが注目を集めた。

これは一時的な現象なのか。それとも出版業界が「多様化」へのコミットメントを強めるなかでの根本的な変化なのか。もうしばらく見守る必要があるが、本書の最後に2020年11月上旬以降の最新動向を紹介し、その先にも目を向けたい。

柳美里『JR上野駅公園口』の全米図書賞受賞

2020年11月、柳美里『JR上野駅公園口』の英訳（*Tokyo Ueno Station*、モーガン・ジャイルズ訳）が、アメリカ四大文学賞のひとつである全米図書賞の翻訳文学部門を受賞した。

全米図書賞の翻訳文学部門は、イギリスの国際ブッカー賞とならび、英語圏で最も注目度の高い翻訳文学賞だ。アジア圏文化の推進を目的とする「アジアン・アーツ・イニシアティヴ」の代表で選考委員の一人の石井アンは、『JR上野駅公園口』は「日本の全貌を解き明かす」重要な作品だという。

「アメリカでは、「表象（representation）は重要だ」と、ことあるごとに言われてきました。朝鮮半島に出自を持ち、日本語が読める私のような人間にとって、柳美里の作品、そして彼女がモーガン・ジャイルズと共に全米図書賞翻訳部門を受賞したことは、私のアイデンティティーさながら、「二重（double）」に意義深いものに感じられます。なぜなら、日本が自らの「文化的誇り」なるものを世界にアピールし、アメリカが自らの「多様性」なるものを世界にアピールする一方で、日本においては見過ごされてきた者たち、そしてアメリカにおいてはあまり知られることのなかった者たちの声が、祝福されるようなことはこれまでなかったからです」。

日本語からの翻訳作品が同賞の最終候補に残るのは3年連続。受賞は2018年の多和田葉子『献灯使』（*The Emissary*、マーガレット・満谷訳）に続く2回目だ。

2018年の『献灯使』も、2019年に最終候補に選ばれた小川洋子『密やかな結晶』（*The Memory Police*、スティーブン・スナイダー訳）も、英語圏の文芸コミュニティーで既に評価の定着しつつある著者とベテラン翻訳家のコンビの、長年にわたるパートナーシップの賜物だ（『密やかな結晶』は、2020年の国際ブッカー賞の最終候補にもなった）。一方、柳美里とモーガン・ジャイルズのコンビは、いずれも英語圏では――日

柳美里『JR上野駅公園口』の（右）イギリス版（ティルティッド・アクシス・プレス刊）と、（左）アメリカ版（ペンギン・ランダムハウス・リバーヘッド・ブックス刊）

本文学研究者や翻訳家コミュニティーの外では――無名に近い存在だった。

モーガン・ジャイルズは、「ブリテン諸島出版見聞日記」でも触れた、英国文芸翻訳センター（ＢＣＬＴ）のワークショップの常連メンバー。参加者たちによる翻訳作品集 *Book of Tokyo* では、山崎ナオコーラの短編「お父さん大好き」（"Dad, I Love You"）を訳している。だが、単行本の翻訳はこの『ＪＲ上野駅公園口』が初めて。その本作で、２０１９年の英国作家協会主催のデビュー翻訳賞を受賞している。

柳美里の作品は、２００２年に『ゴールド・ラッシュ』の英訳（*Gold Rush*）がアメリカで刊行されている。翻訳を手掛けたのは、小川洋子作品の訳者でもあるスティーブン・スナイダー。刊行後に日本で一緒に山道を30キロ走ったり、小説『8月の果て』のもとになった話について意見を交わしたのがよい思い出だと振り返る。だが、*Gold Rush* を出した出版社が倒産してしまったこともあり、２冊目の刊行が続かなかった。

「柳美里は日本で差別を受けている人たちの立場を代弁する重要な役割を担ってきました。モーガン・ジャイルズにより見事に訳された『ＪＲ上野駅公園口』が世界的に注目されていることを、とてもうれしく思います」と語る。

翻訳家が運営する小さな出版社ティルティッド・アクシス・プレス

『JR上野駅公園口』の全米図書賞受賞は、2016年のハン・ガン *The Vegetarian*（デボラ・スミス訳、韓国語からの邦訳は『菜食主義者』、きむふな訳）のマン・ブッカー国際賞受賞を思わせる。

The Vegetarian が2016年にブッカー賞を受賞した際も、著者と翻訳家は英語圏でほぼ無名の存在だった。本作はハン・ガンにとっては英語圏単行本デビュー作、デボラ・スミスにとっても翻訳家デビュー作だった。

このように、英語圏において「ニューフェース」の著者や翻訳家が評価され、広く認知されることを可能とした要因のひとつに、2010年代後半に実施された文学賞の改革がある。

「ブリテン諸島出版見聞日記」のなかでも簡単に触れたが、国際ブッカー賞は2016年にいわゆる「功労賞型」の賞から、過去1年以内に刊行された「新刊」を対象にする賞に

ハン・ガン *The Vegetarian*（『菜食主義者』）の（右）イギリス版（グランタ＆ポートベロ・ブックス刊）と、（左）アメリカ版（ペンギン・ランダムハウス・ホガース刊）

かたちを変えた。そして、その2年後の2018年、全米図書賞が「翻訳文学部門」を新設した。同賞では過去にも（1967年から1983年まで）翻訳部門が設けられていたことはあり、リービ英雄による『万葉集』の訳などが受賞しているが、新設された賞では、対象が「存命の作家」の作品に限られたことで、現代文学を紹介する性格がより強くなった。

全米図書賞の翻訳部門は、著者や訳者の国籍は問われないものの、アメリカの出版社から刊行されている本のみが対象となる。なので『JR上野駅公園口』も、アメリカで——業界最大手のペンギン・ランダムハウス社から——刊行されていなければ、全米図書賞を受賞することはなかった。

ただ、『JR上野駅公園口』の英訳を最初に出版したのは、先にも述べたようにイギリスの独立系出版社ティルティッド・アクシス・プレス社だ。同社はハン・ガンの翻訳者でもあるデボラ・スミスが、2015年にイギリスでアジア圏からの翻訳文学のため設立した出版社である。訳者のモーガンは、ティルティッド・アクシスのデボラの貢献なしには *Tokyo Ueno Station* の成功はなかったと言う。「ティルティッド・アクシスのように信念に忠実な出版社は巨大出版社よりもフラットで平等に振る舞うことができます。そこから生まれる信頼関係が今回の翻訳を可能にしました」。

アメリカやイギリスでは、合併による大手出版社のさらなる巨大化が進んでいる。2020年11月には、アメリカで業界1位のペンギン・ランダムハウス社が3位のサイモン&シュースター社を買収する予定だと報じられた。それに対し、本の多様性が危機にさらされるといった理由で全米作家協会が反対を表明するなどの動きもある。そのような状況の中で、この本の成功は、独立系出版社が担う重要な役割を象徴する事例だと言えるだろう。

コロナ禍で社会格差が浮き彫りになった年に評価されたのも意義深いとモーガンは語る。「柳美里さん自身が指摘しているとおり、この危機は「ステイ・ホーム」できない人たちにおのずと光を当てる結果になりました（略）『*Tokyo Ueno Station* の』舞台は日本だけれども、そこに描かれているのは世界中の街角で見られる現実です」。

新しい「ヴォイス」を紹介する場としての文芸誌

文芸誌も、新たな書き手や作品を紹介する場として、引き続き重要な役割を担っている。

イギリス滞在中に企画された、2020年に日本からの作品を20編掲載するグランタ誌のプロジェクト（20 for 2020）も、東京オリンピックの延期もあり時期はずれ込んだものの、11月に無事公開された。この企画では、2020年に英訳が刊行された川上未映子、柳美里、松田青子、村田沙耶香の短編の他に、西加奈子、金原ひとみ、原田マハなどの作品もグランタのサイトに掲載された。副編集長のルーク・ネイマは、日本文学の「今」を切りとるこれらの作品は、「今後も雑誌のサイトを通して長く読まれ続けるはず」だという。

なかでも川上未映子の短編「恥」（“Shame”、ルイーズ・ヒール・河合／由尾瞳訳）は、年末に近い時期の公開にもかかわらず、この年のグランタのサイトで「最も読まれた」10

作にランクインした。

この短編はもともと、ノルウェーの文芸誌の依頼で2017年に書かれたものだ。文芸誌「Monkey Business」(「モンキービジネス」の英語版、テッド・グーセンと柴田元幸の共同責任編集)などで川上未映子の短編や詩を訳してきた由尾瞳は、「「恥」は、世界を席捲した#MeToo運動と呼応する、衝撃的で心に響く作品であると同時に、日本の男性中心社会や家父長制意識に対する厳しい批判としても読むことができる」と指摘する。また「2020年、コロナ禍でジェンダーに基づく暴力(Gender-based violence; GBV)が増えているなかで英訳が発表されたのはタイムリーだった」とも述べる。発表はウェブがよいという意見で全員一致していた。SNSなどを通して若い読者にも届けたいとの考えからだ。その結果、この短編は「ふだん日本文学を読まない読者や、傑作長編『夏物語』の英訳(*Breasts and Eggs*)をまだ読んでいない人にも届いた印象がある」という。

川上未映子の文章は、この小説だけでなく、エッセーなどもウェブ上で広く読まれ、シェアされた。

2020年6月にグランタ誌デジタル版で公開された、コロナ禍のなかの生活に関する

川上未映子『夏物語』アメリカ版
（ヨーロッパ・エディションズ刊）

エッセー（"The Flowers Look More Beautiful Now Than Ever"、由尾瞳訳）は、同誌の最も読まれたエッセーのひとつとなった。

また、4月に文芸サイト「リテラリー・ハブ」に掲載された村上春樹との対談（「みみずくは黄昏に飛びたつ」）の抜粋（"A Feminist Critique of Murakami Novels, with Murakami Himself"）は、年末に発表された（年間3000以上の記事を掲載する）同サイトの「2020年のお気に入り記事」に選ばれた。

『夏物語』（*Breasts and Eggs*）の共訳者で、インタビューの抜粋も（共）訳したデビッド・ボイドは、*Breasts and Eggs* がアメリカで刊行された日に公開された同記事は「多くの読者にとって、川上未映子と初めて遭遇する場になった」と指摘する。「掲載されたのは長いインタビューのほんの一部でしたが、読んだ人たちは川上未映子の魅力を一瞬にして感じ取れたのではないかと思います。彼女の人柄が全面に出ていたので、インタビューを読んだ人は *Breasts and Eggs* を読まずにはいられなかったのではないでしょうか」。

インディーズ・バンドのような文芸誌の再結成

日本発の文芸誌の英語版である「Monkey Business」は、２０１１年から２０１７年にかけて7冊刊行され、新たな作家や作品を英語圏に紹介すると同時に、次世代の翻訳家育成の場としても重要な役割を担ってきた。また、新しい号が刊行されるたびに、大学や文化交流機関と協力し、アメリカ各地はもちろん、アジア諸国でもイベントを企画し、国境や言語を超えた交流をしてきた。

この文芸誌が２０２０年に、「MONKEY」という新たな名のもと（副題は変わらずNew Writing from Japan）、英語圏での再出発を果たした。創刊号には、新たに5人の翻訳家がメンバーに加わり、「Monkey Business」によく登場していた現代作家たちの作品の他にも、坂口恭平「ロンパの森」（"Forest of the Ronpa"、サム・マリッサ訳）など新たな同時代作家の作品や、岡本かの子の「鮨」（"Sushi"、デビッド・ボイド訳）をはじめ古典に分類される作品も掲載している。

柴田元幸が共同責任編集を務める「Monkey Business」（2011〜2017年）と「MONKEY」（2020年〜）

この雑誌は同時代の作品を中心にしながらも、英語圏で見過ごされてきた、一昔前の日本文学も拾い上げようとしている。出版業界が「新しさ」や「分かりやすさ」を求める傾向が進むなか、今後も貴重な場となるだろう。

編集責任者の柴田元幸は「『雑誌』の『雑』の字をできるだけ本気で考えたい」と思っていると言う。「現代日本文学だけでは、あるいは日本文学だけでも、十分『雑』でない気がする。せっかくいままで僕（柴田）が英語圏の作家たちを訳してきてコネクションはあるのだから、それを活かして彼らからも原稿をもらい、太平洋をはさんで両側にいる作家たちが、そして時間を超えて新旧の作家たちが、誌上でなんとなく対話してくれればいいなと思っています」。

もう一人の編集責任者であるテッド・グーセンは、雑誌を継続的に出して行くことの意義を強調する。「翻訳が［雑誌に］掲載されることは、日本の若い書き手だけでなく、新世代の翻訳家たちにも新たな機会を切り開くきっかけになる。もちろん年よりたちだって楽しく参加しているわけだけど！」。

ニューヨーク・タイムズ紙とタイム誌の「お薦めリスト」に

2章・3章では、アメリカで2020年10月に英訳が刊行された『地球星人』『穴』『おばちゃんたちがいるところ』の例を見るなかで、各種メディアが定期的に発表する「お薦めリスト」に作品が掲載されることの重要性について触れた。これらのリストは、選出方法や注目度もさまざまだが、プレスティージの高い媒体に選ばれることは、文学賞の候補に挙がるのと近い効果がある。

なかでも、毎年11月下旬から12月上旬にかけて発表される、その年を総括するお薦めリストに載ることは大きい。例えば、村上春樹の『海辺のカフカ』(*Kafka on the Shore*、フィリップ・ガブリエル訳)は、2005年にニューヨーク・タイムズ紙のベスト本10冊に選ばれているが、これが、作品が広く認知されるきっかけとなった。村田沙耶香『コンビニ人間』も、2018年にニューヨーカー誌のベスト本の一冊に選ばれている。

2020年は、注目度の高いニューヨーク・タイムズ紙の(Notable)100冊とタイム誌の（Must-read）100冊に、それぞれ日本の女性作家の作品が4冊含まれた。

100冊のうち翻訳作品の割合は、ニューヨーク・タイムズのリストが10冊、タイム誌のリストが6冊。なので、タイム誌に関しては6冊中4冊と、半数以上が日本語からの翻訳ということになる（『夏物語』『地球星人』『JR上野駅公園口』『おばちゃんたちのいるところ』、ちなみに他の2冊には、「ブリテン諸島出版見聞日記」でイギリスの編集者たちが注目していると述べた、チョ・ナムジュの *Kim Jiyoung, Born 1982*〈『82年生まれ、キム・ジヨン』、ジェイミー・チャンによる韓国語からの翻訳〉とエレナ・フェッランテの *The Lying Life of Adults*〈アン・ゴールドスタインによるイタリア語からの翻訳〉）。日本を中心にアジア圏の女性作家が高く評価された年だと言えるだろう。

恩田陸『ユージニア』とリテラリー・クライム

一方、ニューヨーク・タイムズ紙の100冊のリストには、『夏物語』『地球星人』『JR上野駅公園口』の他に、恩田陸『ユージニア』（*The Aosawa Murders*、アリソン・

ワッツ訳）が挙がった。

ここでも「格差」がひとつのキーワードになっている。本作は、日本では２００５年に刊行されているが、２０２０年2月に英訳が刊行された際には、アカデミー賞を4部門で受賞したばかりの韓国映画『パラサイト』を引き合いに出し、根底に「所得格差」があるという意味でタイムリーだと指摘する評者もいた。

英国文芸翻訳センター（ＢＣＬＴ）の翻訳ワークショップのメンバーでもある訳者のアリソンも、本作の特徴のひとつとして「幅広い社会的階層の人物たちを描いている」ことを挙げ、十数人の視点から描かれる作品が呼び起こす「不安」が、コロナ禍で「アメリカの」読者の心を摑んだ可能性も指摘する。「身近な人物のなかに殺人犯［毒殺者］がいるけれども、それが誰だか分からないという恐怖」には、身近にいる人物を介して命を脅かす疫病の脅威になぞらえることのできる部分があるかもしれないという。

本書でここまで紹介してきたような、英語圏で注目されている日本の「純文学」の小説は、英語では「リテラリー・フィクション」に分類されることが多い。が、「リテラリー・フィクション」と「ジャンル・フィクション」（ミステリー、ファンタジー、ホラーなど）

の狭間にある、文学性の高いジャンル・フィクションやエンターテインメント性の高い純文学作品も近年注目されており、今後さらに需要が伸びそうだ。

とくに「リテラリー・クライム」（文学的要素の強いミステリーや犯罪小説）は、映像化とも相性がよい。２０１９年にロンドンの事務所で面会した際に英語版の編集者であるリズ・フォーリーが「ハイ・クオリティー・インターナショナル・スリラーとして刊行する」と語っていた伊坂幸太郎『マリアビートル』（*Bullet Train*、サム・マリッサ訳）は、デヴィッド・リーチ監督、ブラッド・ピット主演で映画化が決まった。

映画化の決定を受け、書店や書評家などの間でも関心が高まっており、イギリスの出版社もさらに力を入れている。映画の公開に合わせてタイアップのペーパーバック版も出す予定だ。「でも、*Bullet Train* はコンセプトも作品も素晴らしいので、映画化と関係なく読者に届くと確信している」とリズはいう。「『ハイ・エンド・クライム』の翻訳の人気は高いので、今後アジアからの作品もさらに増えるはず」だとも。

伊坂幸太郎の海外版権のエージェントで、映画 *Bullet Train* のエグゼクティヴ・プロデューサーの一人でもある三枝亮介は、『マリアビートル』は既に10ヵ国で翻訳が決まっているものの、各国で継続的に伊坂作品が出版される環境づくりが今後の課題だとする。「伊坂さんの作品はとても幅広いので、『オーデュボンの祈り』や『火星に住むつもりかい?』のような作品も含めて、これからすべて翻訳して、作家の全体像を理解してもらえるようにしていきたいと思っています」。

日本国内で本が出る前に海外での刊行が決まる

2021年以降も、日本文学の海外での勢いはしばらく続きそうだ。

英語圏では、変わらず熱心な読者の多い村上春樹の『一人称単数』(*First Person Singular*、フィリップ・ガブリエル訳)や今村夏子『むらさきのスカートの女』(*The Woman in the Purple Skirt*、ルーシー・ノース訳)の他に、2020年に注目を集めた川上未映子、柳美里、平野啓一郎などの新刊も刊行される。まだ公表されていないものの、その他にも英語圏で初めての翻訳出版が既に決定している書き手も何人もいる。

海外での日本文学(とくに日本語で書く女性作家)の勢いを最も象徴しているのは、八木詠美『空芯手帳』の例かもしれない。本作は公募新人賞である太宰治賞の2020年の受賞作。同年6月に同賞最終候補作品4作と選評をおさめた『太宰治賞2020』が刊行され、単行本も12月に刊行されたが、国内での書籍化以前から英語圏での刊行が決まっていた。毎年秋に行われる世界最大のブック・フェア、フランクフルト・ブック・フェアは、2020年はコロナ禍のためオンラインで開催された。このフェアで、本がまだ出ていない新人作家にもかかわらず、あらすじやサンプル翻訳をもとに、英米以外にも、フランス、ドイツ、イタリアなどにも翻訳権が売れたのだ。現在、欧米6ヵ国での刊行が決まっており、アジア圏からもオファーが来ている。

『空芯手帳』を海外の出版社に売り込んだのは、『コンビニ人間』をはじめとした村田沙耶香作品や今村夏子『むらさきのスカートの女』の海外版権を扱うイングリッシュ・エージェンシーの服部航平。30代半ばの会社員が職場への不満から「偽装妊娠」し、産休をとるというあらすじを読んだ瞬間から、海外展開の可能性を感じた。『空芯手帳』が海外の出版社の関心を引いた背景には「この数年続いてきたフェミニズム本の流れ」と「『コンビニ人間』から始まった日本女性作家ブーム」があるという。

同書を（デビッド・ボイドと）共訳しているルーシー・ノースは、この作品が海外の出版社の注目を集めた要因はいくつかあるという。「［ハン・ガンの］*The Vegetarian*（『菜食主義者』）がマン・ブッカー国際賞を受賞して以来、編集者たちはアジア諸国の女性たちの生活を描く作品を探しているように思います。（略）『空芯手帳』は静かで、淡々とした作風ですが、東京の会社で働く若い女性の日常の空気や流れを見事に表しています。（略）［アジアの女性作家が欧米で読まれている背景には］「西欧」が他の国で差別やジェンダー・バイアスと対抗している人物たちの物語を必要としている側面もあるかもしれません。（略）「他者」の物語を読むことは、自分のなかにある不満を――それを完全に背負わなくてもよいかたちで――探求する術であるという考えもあります」。

次世代にバトンをつなぐ訳者たち

ここ5年ほどの間、日本の「新たな」書き手たちの作品を世に送りだしてきた翻訳家たちのなかには、スケジュールが1、2年先まで埋まっているという人も少なくない。また、訳者には、それぞれの好みやこだわりがある。より多様な作品が翻訳される環境をつくるためには、次世代の訳者に間口を広げていく必要があるだろう。

そのための機会として、日本の文化庁が主催し、継続的に実施されている「翻訳コンクール」の存在は貴重だ。同時に、イギリスではしばらく中断していた、英国文芸翻訳センター（ＢＣＬＴ）の日本語翻訳ワークショップが再開されることも朗報だ。過去の参加者が今度は指導する立場に立つ。２０２１年のワークショップの指導役をつとめるのはポリー・バートンで、「［コロナ禍への対応として］オンラインで行われることにより参加者の層が広がることを期待している」という。

ワークショップの参加者を中心とした出版プロジェクトも準備されている。ポリーとともに、イースト・アングリア大学のストレンジャーズ・プレスから出る日本文学シリーズの編集責任者をつとめることになる米田雅早（アサ）は「これまでイベント、ワークショップ、出版プロジェクトなどを通じて築かれてきた翻訳家のコミュニティーを広げ、日本からさらに多様な作品を紹介する貴重な機会になることを期待している」という。「私が自ら訳すことのできない作品を世に送りだす手助けができることは、特別な喜びです」。

おわりにお礼

最後までお付き合いくださり、どうもありがとうございました。

人の話——とくに好きな本や仕事の話——を聞くことをエネルギー源としている人間としては、コロナ禍であまり人に会えない2020年はなかなか辛い一年でした。

そんな中、本書に登場する方たちとやりとりさせていただくことにより、救われることも少なくありませんでした。バッテリー切れしそうになるたびに、心の充電器となってくださった皆さんに心より感謝いたします。小野正嗣さんと吉田恭子さんには、原稿を書く上で貴重なアドバイスまでいただきました。本当にありがとうございます。

戸井武史さん、森川晃輔さん、堀沢加奈さんをはじめ、本書を一緒につくってくださった講談社の皆さんにも感謝申し上げます。

２０２１年２月14日

辛島デイヴィッド

注・参考文献

1章　新世代の翻訳家たちに聞く

＊1　Haruki Murakami, "Haruki Murakami on His Favorite Young Novelist: Mieko Kawakami." Freeman's Channel at Literary Hub, October 4, 2017./ 村上春樹「歳月をかけて更新された風景」、『文學界』２０１９年８月号。１６４～１６５頁。

＊2　"Women Authors Lead Literary Fiction Books Sales in the US, The NPD Group Says." The NPD Group, March 17, 2020. https://www.npd.com/wps/portal/npd/us/news/press-releases/2020/women-authors-lead-literary-fiction-books-sales-in-the-us-the-npd-group-says/

＊3　Hillary Kelly, "Gone Boys." *Vulture*, December 18, 2019. https://www.vulture.com/2019/12/female-novelists-replaced-white-male-authors-in-the-2010s.html

＊4　"Bloomsbury Adult Trade Catalogue July - December 2020." February 27, 2020. https://issuu.com/bloomsburypublishing/docs/adult_catalogue_jul-dec_2020_web

＊5　Foster Kamer, "Are Creative Writing MFAs a 'Ponzi Scheme'?" *The Village Voice*, October 1, 2010. https://www.villagevoice.com/2010/10/01/are-creative-writingmfas-a-ponzi-scheme/

＊6 Ian McEwan, "Some Notes on the Novella." *The New Yorker*, October 29, 2012. https://www.newyorker.com/books/page-turner/some-notes-on-the-novella

＊7 "Review of *Breasts and Eggs*, by Mieko Kawakami." *Publishers Weekly*, April 1, 2020. https://www.publishersweekly.com/978-1-60945-587-3

＊8 India Lewis, "Mieko Kawakami: Breasts and Eggs review - a book of two halves." *the artsdesk.com*, March 15, 2020. https://theartsdesk.com/books/mieko-kawakami-breasts-and-eggs-review-book-two-halves

2・3章 新しい「日本文学」を編む編集者たち 1・2

Barton, Polly. Zoom and email interview with author. October 6 and 14, 2020.

Blackstock, Peter. Zoom interview with author. September 29, 2020.

The Booker Prizes. "Translated fiction continues to grow." May 3, 2019. https://thebookerprizes.com/international/news/translated-fiction-continues-grow

Boyd, David. Zoom and email interview with author. October 5, 9 and 14, 2020.

Hendy, Vyki. "Luke Bird Explores Japanese Design Culture for Convenience Store Woman." *Spine Magazine*. https://spinemagazine.co/articles/luke-bird

Horne, Alastair. "The Faces of Frankfurt's Future: Meet the Frankfurt Fellows." *Publishing Perspectives*. October 10, 2017. https://publishingperspectives.com/2017/10/frankfurt-fellows-2017-viewpoints-future-publishing/

Igarashi, Yuka. Zoom and email interview with author. Oct. 5, 6, 7, 9, 14 and 20, 2020.

Kogane, Tynan. Zoom and email interview with author. October 7 and 10, 2020.

Kogane, Tynan. "Quarantine Reads: Dhalgren." Paris Review (online). March 30, 2020. https://www.theparisreview.org/blog/2020/03/30/quarantine-reads-dhalgren/

McNeill, David. "Sayaka Murata: 'I acted how I thought a cute woman should act - it was horrible.'" *Guardian*. October 9, 2020. https://www.theguardian.com/books/2020/oct/09/sayaka-murata-i-acted-how-i-thought-a-cute-woman-should-act-it-was-horrible

Meadows, Anne. Email Interview with author. October 20, 2020.

Meadows, Anne. "The Collaboration Game." Panel Discussion at the 2020 BCLT International Literary Translation & Creative Writing Summer School. July 21, 2020.

Meadows, Anne. "Interview: Anne Meadows, Commissioning Editor, Granta and Portobello Books," in The Publishing Business: A Guide to Starting Out and Getting

On, edited by Kelvin Smith and Melanie Ramdarshan Bold. Bloomsbury Visual Arts, 2018.

Meadows, Anne. "Granta - Anne Meadows." By Philip Connor Finn. What Editors Want, July 30, 2019, audio. https://shows.acast.com/what-editors-want/episodes/granta

Murata, Sayaka. "Watashi ni totte konbini wa sekai e no tobira deshita." By Asayo Takii. *Bunshun Online*. October 1, 2016. https://bunshun.jp/articles/-/148

Orthofer, M.A. "The Longlist for the National Book Award for Translated Literature." WWB Daily. September 25, 2018. https://www.wordswithoutborders.org/dispatches/article/the-longlist-for-the-national-book-award-for-translated-literature

Oyamada, Hiroko. "Buraianto pāku de pita sando." Kangaeru hito. December 11, 2019. https://kangaeruhito.jp/article/11572

Schmitz, Elisabeth. "Interview with a Gatekeeper: Grove Atlantic's Elisabeth Schmitz," By Kerri Arsenault. Literary Hub. March 11, 2016. https://lithub.com/interview-with-a-gatekeeper-grove-atlantics-elisabeth-schmitz/

Rich, Motoko. "End of Kirkus Reviews Brings Anguish and Relief." *New York Times*.

December 11, 2009. https://www.nytimes.com/2009/12/12/books/12kirkus.html

Takemori, Ginny Tapley. Zoom and email interview with the author. October. 2, 11, 14 and 20, 2020.

Takemori, Ginny Tapley. "'Convenience Store Woman' and the art of translation," interview by Oscar Boyd, Deep Dive, *Japan Times*, October 8, 2020, audio. https://www.japantimes.co.jp/podcast/episode-67-convenience-store-woman-art-translation/

Walker, Larry. "Unbinding the Japanese Novel in English Translation: The Alfred A. Knopf Program, 1955-1977." PhD diss., University of Helsinki, 2015. Pg.78.

Smith, Deborah. "Finding Women in Translation: 2020 at Tilted Axis." By Tice Cin. Tilted Axis Press Blog. December 22, 2019. https://www.tiltedaxispress.com/blog/2019/8/28/finding-women-in-translation-2020-at-tilted-axis

Snyder, Stephen. "The Murakami Effect: On the Homogenizing Dangers of Easily Translated Literature." Literary Hub via the New England Review, Vol. 37, No.4. January 4, 2017. https://lithub.com/the-murakami-effect/

ブリテン諸島出版見聞日記 2

The Royal Borough of Kensington and Chelsea website, https://www.rbkc.gov.uk
Faber Academy Website, https://www.faberacademy.co.uk/
Ishiguro, Kazuo. "My Twentieth Century Evening – and Other Small Breakthroughs." Nobel Lecture by Kazuo Ishiguro. Nobel Laureate in Literature 2017. December 7, 2017 https://www.nobelprize.org/uploads/2018/06/ishiguro-lecture_en.pdf

終章 変化の年

Alter, Alexandra and Edmund Lee. "Penguin Random House to Buy Simon & Schuster." *New York Times*. November 25, 2020. https://www.nytimes.com/2020/11/25/books/simon-schuster-penguin-random-house.html
Blumberg-Kason, Susan. Review of *The Aosawa Murders* by Riku Onda. Asian Review of Books. February 28, 2020. https://asianreviewofbooks.com/content/the-aosawa-murders-by-riku-onda/
Chow, Andrew R., Eliana Dockterman, Mahita Gajanan, Annabel Gutterman, Suyin Haynes, Nate Hopper, Cady Lang and Lucas Wittmann. "The 100 Must-read Books

of 2020." https://time.com/collection/must-read-books-2020/

Dowd, Vincent. "Han Kang's The Vegetarian wins Man Booker International Prize." *BBC*. May 17, 2016. https://www.bbc.com/news/entertainment-arts-36303604

Granta. "Top Reads 2020: Fiction." Last accessed January 7, 2021. https://granta.com/top-reads-2020-fiction/

Granta. "Top Reads 2020: Essays." Last accessed January 7, 2021. https://granta.com/top-reads-2020-essays/

Harris, Elizabeth A. "Surprise Ending for Publishers: In 2020, Business Was Good." *New York Times*, December 29, 2020. https://www.nytimes.com/2020/12/29/books/book-publishing-2020.html

Kroll, Justin. "Brad Pitt to Star in Sony and David Leitch's 'Bullet Train'." *Variety*. July 6, 2020. https://variety.com/2020/film/news/brad-pitt-bullet-train-david-leitch-1234693124/

Literary Hub. "Our Favorite Lit Hub Stories From 2020: The Best Writing at the Site in this Annus Horribilis." *Literary Hub*. December 23, 2020. https://lithub.com/our-favorite-lit-hub-stories-from-2020/

Orthofer, M. A. "The Longlist for the National Book Award for Translated

Literature." *WWB Daily*. September 25, 2018. https://www.wordswithoutborders.org/dispatches/article/the-longlist-for-the-national-book-award-for-translated-literature

National Book Foundation. "Deadlines & Guidelines." Last accessed January 7, 2021. https://www.nationalbook.org/national-book-awards/submissions/

New York Times. "100 Notable Books of 2020." Last accessed, January 7, 2021. https://www.nytimes.com/interactive/2020/books/notable-books.html

Feldman, Lucy, Annabel Gutterman, Suyin Haynes, Ciara Nugent, Dan Stewart and Lucas Wittmann. "The 10 Best Fiction Books of 2020." *Time*. November 19, 2020. https://time.com/5913197/best-fiction-books-2020/

初出「群像」
1章　新世代の翻訳家たちに聞く
2020年6月号「文芸ピープル＋　英語圏で読まれる現代日本文学」
ブリテン諸島出版見聞日記　1
2020年2月号「文芸ピープル／ブリテン諸島出版見聞録　前篇」
2・3章　新しい「日本文学」を編む編集者たち　1・2
2020年12月号「新しい「日本文学」を編む海外編集者たち　文芸ピープル＋＋」
ブリテン諸島出版見聞日記　2
2020年3月号「文芸ピープル／ブリテン諸島出版見聞録　中篇」
2020年4月号「文芸ピープル／ブリテン諸島出版見聞録　後篇」
以上を、書籍化にあたり、再構成、加筆修正しました。
終章　変化の年
書き下ろし

本文写真
p.85: *Convenience Store Woman* (Granta Books)
Cover Design by Luke Bird
Cover Images: © recep-bg/Getty; © DAJ/Getty; © Feng Yu/Alamy

p.94(左): *Earthlings* (Granta Books)
Cover Design by Luke Bird
Hedgehog © AMUSE

辛島デイヴィッド　David Karashima

1979年東京都生まれ。作家・翻訳家。現在、早稲田大学国際教養学部准教授。日本文学の英訳や国際的な出版・文芸交流プロジェクトに幅広く携わる。訳書に*Snakes and Earrings*（金原ひとみ『蛇にピアス』）、*Triangle*（松浦寿輝『巴』）、*Kutze, Stepp'n on Wheat*（いしいしんじ『麦ふみクーツェ』）、著書に『Haruki Murakamiを読んでいるときに我々が読んでいる者たち』（みすず書房）などがある。

装幀　川名潤

れた。

〈あと一世紀ほど生きて、もし各々が年収五百ポンドと自分ひとりの部屋を持ったなら――。〉

ヴァージニア・ウルフ『自分ひとりの部屋』片山亜紀訳

両親と兄の一家が住む家に、わたしひとりの部屋はなかった。三畳の納戸の隅に文机を置き、ひとりの部屋とし、童話の翻訳を続け、一応職業として成り立つようになったが、五百ポンドには遠く、ひとりの部屋――正確に言えばひとりの家――を得たのは両親の死と引き替えであった。重い澱となった。長兄一家は当然のこととして相続による利益を享受したが、わたしは兄と義姉の寛大さに感謝することを要求された。

双子の姉妹はときたまわたしの家にきたが、高校生になってからは訪問は途絶えた。

サンルームのある洋間は、わたしの仕事部屋を兼ねる。隣に書庫。これは大伯父の邸宅にはないものだった。

敗戦後から今に至る数十年は生の時間の大部分であるのに、淡い。疎である。凝縮したら、生まれてから敗戦までの十数年と等しいほどに縮まりそうだ。翻訳を始めてからは、時間の大半はその話の中にいたせいだろう。残りの日々が数えられる時期になっ

て、為政者の醜悪、悪臭が甚だしい。これから先長い時間を生きる人が世の大半だ。どういう時間になるのか。いつかこの悪臭は消えるのか。

縊死した女学生のことが、なぜかしきりに思われる。大人から見たら些細な理由だったのかもしれない。あるいは、もっともな理由だったのかもしれない。明瞭な事象がなくとも、何かがじわじわと浸透し圧迫し、ただただ辛くなったのかもしれない。


死にがたし生き耐へがたし晩夏光　三橋鷹女

わたしがあの少女であってもおかしくはないのだと、ふと思う。日常と絡まり合うのを能うかぎり少なくして生き延びた。

「今日はまだ何も食べた形跡ないわね」

「キチンのシンク、洗い物なし」

兄夫婦はすでに没した。双生の姉妹はそれぞれ結婚し、子らもいる。最近、時折様子をみにきてくれる。

「庭が凄いことになってる」

「業者に手入れさせるように、叔母さんに言おうか」

「どうせ、この家だって壊すんだから。そのときでいいんじゃない」

「藤棚の下敷きになってるの、叔母さんとちがう？」

「何か布きれ。叔母さん、そこで眠ってる」

「起こす？」

吹き入った風が、日記帳のページを捲る。

　五月某日　玄関前の梅の一枝を剪る。宵からの小雨は早暁やんだ。樹皮の割れ目に溜まった水が陽を照り返し零れ流れる。早春にもついに花はつけなかった老樹だが、濡れた葉のあおが瑞々しくはある。

秋の蝶です　いっぽんの留針です
三橋鷹女

【へ・ヘ】

【ほ・ホ】

【ま・マ】

【は・ハ】

【ひ・ヒ】

【ふ・フ】

【せ・セ】

【そ・ソ】

【た・タ】

【ち・チ】

【つ・ツ】

【し・シ】

【す・ス】

索　引

辺境図書館
蔵書

001
『夜のみだらな鳥』とホセ・ドノソ

002
『穴掘り公爵』とミック・ジャクソン

003
『肉桂色の店』とブルーノ・シュルツ

004
『作者を探がす六人の登場人物』と
ルイジ・ピランデルロ

005
「建築家とアッシリアの皇帝」「迷路」と
フェルナンド・アラバール

006
『無力な天使たち』と
アントワーヌ・ヴォロディーヌ

007
「黄金仮面の王」とマルセル・シュオッブ

008
『アサイラム・ピース』『氷』と
アンナ・カヴァン

009
「曼珠沙華の」と野溝七生子

010
『夷狄を待ちながら』と
ジョン・マックスウェル・クッツェー

011
「街道」「コフェチュア王」と
ジュリアン・グラック

012
『黒い時計の旅』と
スティーヴ・エリクソン

013
『自殺案内者』「蓮花照応」と石上玄一郎

彗星図書館
蔵書

039
「足摺岬」と田宮虎彦

040
『The ARRIVAL』とショーン・タン
『2084 世界の終わり』とブアレム・サンサル

041
『十四番線上のハレルヤ』と大濱普美子

042
『デルフィーヌの友情』と
デルフィーヌ・ド・ヴィガン

043
「真田風雲録」と福田善之
「スターバト・マーテル」と桐山襲

044
「群盲」「モンナ・ヴァンナ」と
モーリス・メーテルリンク

045
『ある受難の終り』とマリ゠クレール・ブレ

046
『鮫』と真継伸彦

047
『伝説の編集者　坂本一亀とその時代』と田邊園子

048
『架空の庭』『いづくへか』と
矢川澄子

049
『トラークル全集』と
ゲオルク・トラークル

050
『文豪ノ怪談ジュニア・セレクション』と
東雅夫

111
新宿薔薇戦争
清水邦夫『ぼくらが非情の大河をくだる時
──新宿薔薇戦争──』を再読しつつ
皆川博子

初出
「群像」
連載「辺境図書館」2020年3月号～2023年5月号
「焚書類聚」2020年1月号
「針」2021年10月号

皆川博子（みながわ・ひろこ）
1930年旧朝鮮京城生まれ。東京女子大学中退。73年に「アルカディアの夏」で小説現代新人賞を受賞し、その後は、ミステリ、幻想小説、歴史小説、時代小説を主に創作を続ける。『壁・旅芝居殺人事件』で第38回日本推理作家協会賞（長編部門）を、『恋紅』で第95回直木賞を、『薔薇忌』で第3回柴田錬三郎賞を、『死の泉』で第32回吉川英治文学賞を、『開かせていただき光栄です―DILATED TO MEET YOU―』で第12回本格ミステリ大賞を受賞。2013年にはその功績を認められ、第16回日本ミステリー文学大賞に輝き、15年には文化功労者に選出されるなど、第一線で活躍し続けている。最新刊に『風配図』。辺境、彗星および天涯図書館館長。

天涯図書館

第1刷発行　2023年7月25日

著者　皆川博子
発行者　鈴木章一
発行所　株式会社 講談社
東京都文京区音羽2-12-21
郵便番号　112-8001
電話　出版　03-5395-3504
販売　03-5395-5817
業務　03-5395-3615

KODANSHA

印刷所　凸版印刷株式会社
製本所　株式会社若林製本工場

N.D.C.913 350p 18cm
ISBN978-4-06-531954-3